All Voices from the Island

島嶼湧現的聲音

李濠仲

紐約暫停記

▶ II

目次

致讀者——紐約公共圖書館前的兩尊石獅子

這真是個奇特又帶點苦澀的經驗。我居然在一個號稱全球最自由奔放的城市，遇上了有生以來個人行動最為受限的居家防疫禁令。「留在家」（Stay at home）三個字幾乎全天候滿布在廣播節目、電視新聞和高速公路旁的電子看板，連兒童頻道都會時不時插播卡通人物示範洗手標準動作的政令文宣。驕矜自傲的紐約客，一個個受病毒威脅成天窩居在家，靜觀窗外的時局。因為多數市民鮮少外出，曼哈頓的街景一度出現了罕見的清幽，即使日正當中，本該人聲鼎沸的時報廣場，也是路人零零星星彷若拂曉。空氣中飄散著極不尋常的靜謐，安逸閒適只是霎時錯覺，當你突然意識到自己是戴著口罩、護目鏡和手套信步其間，你必將回神發現眼前這幅景象其實一點也不美，它就不該是「紐約」的樣子。

我原以為當初自己是受到紐約港自由島上的自由女神召喚而來，又或者俗氣地只為朝拜華爾街那頭滿身渾厚肌肉的銅牛，再怎麼樣，它還有兩座名聲響亮的棒球場（洋基、大都會），有球風獨到的籃球隊（尼克），有兩百萬件館藏的大都會藝術博物館和百看不厭的世紀經典百老匯歌舞劇。總之，這裡就是能時時刻刻提供無盡的元素予人擷取吸納，多少人為了它的浮華慕名而至，多少人又為了一嚐紐約夢但鎩羽而歸，它絕世孤高的都會氣息，又曾徹底蛻變了多少人。

但到頭來，我卻是來到紐約公共圖書館前，靜靜端詳趴伏在館外大門口的那兩尊石獅子，期盼牠們能為之解答，這一趟、這一回，究竟又要引領我走向什麼樣的人生階段？

自一九一一年五月二十三日紐約公共圖書館成立，那一對大理石雕刻成的獅子，便一直屹立在曼哈頓第五大道和四十二街路口一隅，見證了無數場自牠們眼前經過的遊行活動，每年還應景地在聖誕節期間被套上花環，在春季來臨時又另有裝扮。牠們的頭上被戴過大禮帽、畢業帽、洋基隊棒球帽和大都會棒球帽，簡直就是全紐約人的吉祥物。

兩頭氣宇軒昂的石獅子曾二度改名，先是從圖書館創建之初的阿斯特獅（Leo Astor）和萊諾克斯獅（Leo Lenox），以紀念圖書館的創建者約翰．阿斯特（John Jacob Astor）和詹姆斯．萊諾克斯（James Lenox），後換上略顯高雅的阿斯特夫人（Lady Astor，儘管牠們都是雄獅）和萊諾克斯勳爵（Lord Lenox）。直到一九三〇年代，全球陷入經濟大蕭條

（Great Recession），紐約也受到重創，當時紐約市長拉瓜迪亞（Fiorello LaGuardia）為鼓舞市民在困境中勇敢地生存下去，於是再將牠們更名，一頭稱之為「忍耐」(Patience)，一頭稱之為「堅毅」(Fortitude)。此後，這兩頭得到新名字的石獅，便以紐約精神標的的姿態，伴隨一座城市歷經無數風霜挑戰，當然也包括二〇〇一年舉世震驚的九一一事件。回頭細數過往，「忍耐」和「堅毅」，又或者已貼切地成為紐約客的生存律則。

二〇二〇年，紐約遭逢史無前例的病毒風暴，緊鄰而至的，正是比三〇年代經濟大蕭條更危殆不安的經濟景況，尤其失業率更竄上歷史新高（二二%），比經濟大蕭條當下（一〇・一%)和九一一之後（八・五%）的紐約市失業問題都來得嚴峻。加以大規模限制人身自由的居家防疫和安全社交距離禁令，在病毒威脅之外，則讓身居其間者，同時被迫陷入一種封閉的與世隔離狀態，包括我在內，染病者必然受苦，未染病者，也同樣承受著程度不一的生活煎熬。此刻的紐約人，確實比過去任何時期都更需要藉助「忍耐」和「堅毅」苦撐待變。

當初啟程前往紐約，我確實躊躇滿志，打算藉由七彩夢幻的紐約，讓年過四十後的自己再有機會吸納任何可貴的經驗養分，不令接下來的日子，僅得打模複製前期的生命歷程，結果它竟是丟給了我一道關於內在修習的基本功——「忍耐」和「堅毅」。這份顯已磨損泛黃的老掉牙試卷，我原來還得再耗費一番工夫琢磨其間新意。

容我引述魯熱蒙（Denis de Rougemont）在《兩個世界日記》(*Journal des deux Mondes*)裡的一段話：

> 先前沒有人告訴我……紐約是座高山城市。我是十月第一個黃昏才意識到這個，那時，落日用虛無飄渺的橘色把摩天大樓的樓頂點燃，就像山岳間的落日，河谷隨之籠罩在一片冷涼的陰影裡。我就站在底下的峽谷，站在磚頭變暗的街道上，有一陣猛烈但清淡的強風吹過。

我無法得知魯熱蒙當時見到了什麼，他半世紀前的字句，卻無意間跨越時空道出了許多人現下置身紐約的感受，病毒肆虐帶來了舉城的困阨，也許一切未必只是要人木木然地忍耐著，又或者一旦懂得如何迎面紐約那「猛烈但清淡的強風吹過」，一個人對於「堅毅」終將另有領略。

紐約成天躁動地讓人喘不過氣，很少有安分的一面，一起因病毒掀起的風暴，終於迫使這座疾駛不休的城市瞬間停止運轉，但意外的寧靜狀態，又把人們的思緒翻攪得更加激動。《紐約暫停記》儘管未盡個人之於紐約的創見，但希望能藉由紐約客生活上的種種細節和線索，試為眼前大千世界給出拼貼一角，讓人瞧瞧一座滿載榮耀的超級城市，這回何以把自己折騰得這麼狼狽。

序幕：學著當個紐約客

▶ ||

二〇一八年夏天，我們全家又踏上了一段全新的旅程，我對未知的新鮮事物向來充滿好奇，儘管，接下來有很多遭遇完全出乎意料之外。

我相信「紐約」對很多人來說並不是個陌生名詞，無論一個人是不是曾親臨造訪，一直以來，它因為經常成為各式各樣電影、故事的背景畫面，並不斷向著全世界傳布關於自己的一切，因而在每個人的成長記憶裡，紐約應該或大或小都占有其中的一角，就像我們即使從未登陸月球，也未必就對月亮一無所知。那年出發之前我心想著，這一次，至少不會再像當年準備飛往挪威時那樣完全摸不著邊際了。但如果說挪威最讓人難適應的，是它終年天寒地凍，生活還相當無聊乏味，紐約送給新手的第一道考題，就是你該怎麼在章法變化多端的城市裡，找到讓自己立身不墜的平衡點。

紐約風格初體驗

新的生活大半年過去，一天傍晚，我帶著兩個小孩上街買晚餐。排在我們前頭，是位住在紐約多年，已八十多歲的黑人老太太。當她轉過身來，可能那天剛好心情愉快，又或者覺得東方面孔的小女生很討喜，硬是要把買餐點找零的兩塊美金，各分一元給我兩個女兒，這是我第一次接受到的「紐約式溫情」，詫異之餘下意識婉拒了她的美意，直到她一旁的看護偷偷對我們眨眼睛，意思是「就收下吧，她會很開心的」，我們才在謝過之後，出門到下個路口，把錢又轉手投入街頭藝人的琴箱裡面。那天之前不久，我們曾在市區的梅西（Macy's）百貨，見到一位手上拎著大包小包，正卡在門外困窘進退不得的婦女，我太太不過簡單地幫她擋了個門，方便她入內，她卻彷彿受寵若驚，但沒有立刻跟我們道謝，而是向著身旁來來去去，對她視若無睹的紐約人咆哮：「你們看到了嗎？她替我擋門耶（我太太個子很小），你們這群人都在幹什麼。」幾秒後她似乎才會意過來，從袋子裡掏出兩樣簡單的小飾品送給我兩個女兒。

紐約崇尚功利和實際利益的濃厚氣氛，確實很容易消磨掉一個人感性的一面，無論是那位黑人老太太或是我太太的「良行善舉」，確實都不常見，偶爾還可能不小心被人誤解成是一種冒犯。我們反而比較習慣車子停在路旁，突然有人朝你車窗大聲拍打，斥喝你影響到他的出入。但你也不能說這裡的人都不懂得互助合作，只是，那原來是必須先建立在每個人都能自立自強為前提，再以強烈的自我中心，高度的個人主義，逐漸去摸索出一種「盡情享受著與大家保持一致的自由」(free to be like everyone else)。

關於「紐約風格」，當我們還沒搞清楚狀況，很可能會把自己推入麻煩不已的境地。例如，當初為了從紐約市邊陲移往能近距離觀察曼哈頓核心都會的公寓，卻因為資訊不足、認識不清，讓我們陰錯陽差搬入從第一天起就狀況不斷的住所。那是一個原本打算在曼哈頓東側羅斯福島上打造的「烏托邦社區」，之後轉型成所謂的社會住宅，數千住戶中混居著靠政府救濟金過日子的低收入戶，另有插著鼻胃管或坐著輪椅，正接受長照服務的長者，以及各國留學生和分別因不同理由短居在此的各色人種族裔。我們入住這個社區，不過短短兩星期，就因為不堪居住環境的種種困擾，終究被迫連滾帶爬即刻遷出。其中最惱人的就是它頂樓鍋爐運轉成天轟轟作響，再沿著牆面而下，造成住戶室內牆壁共振，我們一度受不了因它而來的低頻噪音，索性衝去賣場買了四具工程用隔音耳罩，每天一邊料理家庭瑣務，一邊尋找解決的辦法。當然，為了交易不慎「誤上賊船」，我們又惱又怒，但事已至此，再多抱怨也無濟於事。

直到我們開始著手解決住宅噪音問題，才赫然發現這根本是紐約生活的日常狀況。紐約市就是因為噪音困擾才被美國人視為「最惹人厭的城市」。當時我所能查到最近一次關於噪音爭議的統計，是二〇一七年紐約市的三一一市民服務電話紀錄，光那一年，市府三一一熱線就接到四十四萬六千次的民眾噪音投訴，次數相當驚人。噪音來源則包括了大街小巷此起彼落的警消鳴笛、施工中噹噹震響不停的鑿岩機和鑽地機，當然還有低空掠過你家頂樓的飛機起降，另外汽車亂按喇叭、鄰居涷茲涷茲的派對音樂，也都一併協力譜出了這座城市極不和諧的交響樂。

生活在噪音之都

但其中最讓人頭痛的就是居家室內噪音。紐約城市生活雖然色彩繽紛，動靜皆宜，再怎麼看似平凡的活動都有讓人驚豔的地方，但當地普遍住房屋齡偏高，除卻年久失修的老舊房舍，有些公寓根本早在設計之初就出了大錯，又或者明顯趕不上城市機能的快速變遷（如冷暖氣空調或新設電梯），像是有民眾因長期忍受地下室鍋爐發出的運轉巨聲而告上法院，也有民眾完全跟我們同樣的遭遇，因頂樓機房造成牆面發出低頻共振，最後受不了下被迫遷出。這座城市繁華處處，唯有寓居其間才知道要為它付出的代價有多大。

類似鍋爐或機房的住宅干擾，又往往比面對其他噪音時情況複雜。包括人對噪音的忍受度不同，單獨住戶的不適很少被認真看待，所以，當我們為了噪音問題，向社區管理公司交涉時，根本得不到重視。再者，鍋爐和機房牽涉房屋整體結構，牽一髮動全身，處理起來非常不容易，很難有最終有效的解決辦法，紐約這類住房官司於是長年不斷。

身處噪音之都，忍無可忍的紐約人為捍衛基本的居住權益，可以書面或當面請大樓管理者改善，但得依照「紐約式」的交涉法，你必須成天對著大樓管理人員緊迫盯人，不斷主動追問改善進度，若認為對方態度消極，或者就直接投訴三一一市民專線，但還得耐心等待環保局人員最快十天內才會採取的例行性調查，真的沒轍，就聘請律師，走上法律救濟途徑。但不論選擇哪一種方式，都無法滿足你立即終結噪音，讓全家大小回復正常生活的期盼。你在多日自尋不著解決之道，不得不向大樓管理方求援，沒想到一切才是冗長磨難的開始。也就是這個時候，你必須繼續忍耐家中惱人的噪音，同時費心費神和住房管理方書面、電話交鋒往來，看著他們技巧熟練、能言善道地推託責任卻莫可奈何，若打算以法律訴訟解決，便得另外耗費一筆可觀的律師費用，而且還要盡可能舉證。有太多例子便是房客在噪音不堪其擾，及爭取權益曠日廢時下，乾脆自認倒楣打包走人，就算被沒收了租房保證金也都牙根一咬隨它去了。

依法，你絕對有權利抱怨房舍居住品質不良，尤其房東（公寓管理公司）確實有提供居家安寧環境（非外力因素）的義務，你可以和它們交涉，可以要求改善，可以要求賠償，可以控告它，不過，你確實也得為自己的「維權」之舉付出一定的代價，包括時間、金錢和可能的身心健康。有時還會旁生枝節，冒出一些你自己忽略的個人法律責任所在，當你飽受錯不在己的損失，結果發現並無法完全獲得補償，過程中很容易讓人拿不定主意究竟是要繼續和對方糾纏下去，或是認賠殺出。

謙和在紐約只會自討沒趣

就像在美國開車被警察攔下開罰單，除了罰單上密密麻麻的文字，另外會有「認罪」或「不認罪」的選項。勾選「認罪」就是直接同意繳交高額罰款，可能還要被扣駕駛點數，或被要求參加公辦行車規矩講習，以及接受來年汽車保險費連帶暴增的後果，好處則在能迅速擺脫被攔在路邊的尷尬，趕快了結一樁倒楣事。至於「不認罪」，即是你也許可以舉證交通標示不明、臨場狀況異於平常，或者員警當下錯誤判斷，你可以為了一張你認為不合理的罰單，走上該有的法律攻防。有些罰單確實因此被撤銷了，耗時費日爭取權益，若有幸勝出，則不只可免去罰款，駕駛者也不會留下不良行車紀錄，還可以省下保險公司可能為此調升的新高額保金。為與不為，你絕對有選擇權，但下場好壞，就端看你有幾分能耐。

紐約式的生活從不講究和諧，如今全世界各地卻仍有那麼多人對這個嘈雜、喧囂，時時刻刻得援引法律法條自我保護的是非之地趨之若鶩，它的誘因之一，就在於這座城市確實提供了每個人在各方面能以公平條件，去爭取自己權益的機會。法律除了意在犯法該罰，更在於你是否有不受公權力或被任何人不當處罰及剝奪權益的保護機制。不可否認，絕大多數人為了省麻煩，在尚可負擔懲罰代價下經常會選擇直接受罰，卻也沒有人能阻撓你付出更大的精神戰力，去爭取應得的損失回復。就像我們遇到的住宅噪音困擾，所採行的每一步驟都符合居民的法定權益，所以不管是市政府、環保局，又或者房屋管理者，無一人可以要求我們忍氣吞聲以和為貴，至於怎麼善了，才又另當別論。

經過新生活一年多來的環境再教育，紐約式生存之道讓我印證了「謙和」在紐約（曼哈頓尤其）向來只會自討沒趣，不要被當成好欺負的弱者，就是你必須時時刻刻表現得夠強悍，它會在生活中的每一個細小環節發揮作用，示弱，只會讓你的對手嗅到血腥味。所以如果有人對你講話很大聲、很沒禮貌，你要對方修正態度，就是「對他更大聲」。有人敷衍你的請求，拖延你的申請，有效地改善效率的方法，當然是對他緊迫盯人，周旋到底。公車太擠上不了車，你可以咆哮要求裡頭的人挪動腳步讓出一點空間，搭乘手扶梯一定要記得快步前行，否則很容易被後方行色匆忙的人白眼，當然，你也可以是催促別人閃開點的一方。這也許帶點強者至上的美式風格，只是在紐約力道往往要拉高兩倍。

寓居在此，一陣經驗轉折後，我開始慢慢搞清楚一件事，原來「紐約客」代表的也許是一種獨特的標記，卻不見得是一種「歸屬」。它是浮華若夢，展演自己身價的舞臺，但不是一個人的「家」。有太多人從世界各地來到這個地方準備大賺一筆，但最終的目的，就是為了有朝一日家財萬貫後，要搬離到另個地方安度餘生。所有在此地付出的一切血汗，不是為了紐約這座城市，而是單純地為了追求，並滿足自己更大的人生成就。

一旦看清楚它的面貌，它讓你付出的所有不便，甚至苦痛以及種種磨練，都會比任何地方更易於轉換成繼續奮鬥下去的資本。

當紐約成為COVID-19來襲全美受創最嚴重的地區，外人無不以關懷兼具同情的眼光看它，唯獨身居其間的紐約客們仍舊一副無畏無懼，好像真的天塌下來也嚇不了他們的樣子，關於紐約那別具風格的都會特性，似乎因此又得到了一回印證。

1　風雲變色

二〇二〇年三月十七日，原本每年都會在紐約中央公園舉辦的聖派翠克大遊行（St. Patrick's Day），因為COVID-19來襲取消了。這天是紐約市政府因應病毒危機正式進入全市公立學校停課後的隔天，家長們仍趁著三月天難得露臉的陽光帶孩子出門透氣，我也索性和兩個女兒到她們平日玩耍的公園活動筋骨。因為全城病毒警戒已經升高不少，公園裡只見零星幾個小孩，附近居民好像都突然消失了一樣。

直到大女兒學校裡一位要好的朋友踩著滑板車在我們面前停了下來，才又回到原本熟悉的畫面。兩個小女生立刻興奮地湊在一起嘰嘰喳喳說個不停，只是，對方家長已明顯刻意和我保持距離，簡單寒暄了幾句，不再像過去那樣熱絡地擊掌打招呼，偏偏孩子習慣性膩在一起交談的動作太過自然又迅速，我們根本來不及制止，卻也為了避免尷尬，沒有當場硬是將兩人拉開。還好同學的哥哥即時從後頭呼嘯而過，才給了彼此兼顧禮貌的道別機會，同學爸爸客客氣氣說了句「我們該回家了」。兩女孩才依依不捨相約，「也許下週末我們就可以一起玩了。」

病毒來襲前的紐約

紐約氣氛的改變，應該是直到那一刻才真正展露。雖然我們兩家人不只熟識，還能相互信任地把自己孩子單獨留在對方家中「不聞不問」。當天我們之間疏離的舉動，竟讓彼此好像回到一年前的點頭之交，這是「病毒」帶來的最明顯變化。我們卻都不曉得，大家直到現在才懂得保持距離，都已是亡羊補牢，若以接下來紐約COVID-19如子彈列車般急速增長的確診人數，回溯三月初才在我們家照常舉辦的「Play Date」(和班上同學的家庭聚會)，原來是件多麼愚蠢而又自陷險境的安排。因為就在當下，這起病毒其實早在紐約近乎全面擴散。

但，當時誰又想得到呢？也許美國早在一月二十九日就派出第一架專機接回受困中國武漢(當時已封城)的僑民，說明了美國人並非毫無反應，但當這架專機降落在洛杉磯遠郊河濱郡的馬奇空軍基地(March Air Reserve Base)，紐約那時所有主流媒體的新聞播報，排序優先順位不也還鎖定在正如火如荼交戰的民主黨初選。各大新聞臺都緊盯著隨後每週「超級星期二」拜登和桑德斯兩位人選爭相不下可能的變化。

對紐約人來說，就算專機從中國武漢載回了具有潛在染病可能的僑民，但紐約、洛杉磯兩地距離至少也還有五小時的飛行航程，因而整天忙得要命的紐約人，根本不會警覺到自己將要大禍臨頭。當紐約一名流行樂廣播節目主持人在上班尖峰時段，邊閒話家常，還邊拿可樂娜啤酒（啤酒名稱Corona和Coronavirus冠狀病毒的字頭相同）當笑點向聽眾開玩笑時，我們就不難理解舉城對病毒來襲這回事，仍處於非常鬆懈的狀態。

或許十七年前SARS風聲鶴唳的一幕，讓我對紐約可能面臨的威脅稍有警覺，尤其紐約和中國各大城市間有著綿密的人員往來交流，真可能置身事外？但事實上，當時的我卻完全感受不到有任何威脅即將降臨的徵兆。班次繁忙的地鐵依舊全天候載送數以百萬的乘客，市區大街小巷照樣萬頭攢動、人聲鼎沸，購物聖地第五大道不也繼續人滿為患，時報廣場的觀光客更是一如往常到處人擠人。這座城市過去每年觀光客人數平均可達六千五百萬以上，當時我還猜想著以眼前的盛況，今年總結說不定會再有突破。

二月進入警戒

就在美國專機撤僑抵達洛杉磯的前一天清早，我照例送孩子上學後返家，剛好撞見一名背著包包，手提行李，行色匆匆和我一起步入大樓電梯的年輕黑人。他的包包上用標準楷書繡著酒紅色「南京大學」四個字，電梯裡只有我看得懂中文，所以也只有我愣了一下。暗自忖度，他說不定就是原本在中國念書，然後因中國疫情爆發才趕快飛奔回來的其中一位。

我居住的公寓，位在曼哈頓本島東側隔條河的羅斯福島（Roosevelt Island）上，是棟外觀暗紅，大約七〇年代建成的社區，建商全以出租營利。從這座島前往曼哈頓，搭乘地鐵只需一站就能抵達市區，所以儘管社區大樓各戶室內空間普遍不大，但交通上非常適合在曼哈頓工作的上班族或念書的大學生。大樓每層皆以英文字母A到J分門別戶，高二十一樓，扣減提供住戶使用的遊憩空間，至少也住了一百五十戶，社區裡同類型的大樓則有四棟。甚而，單單一層，就有三、五個不同國籍的人寓居在此，社區對面彼岸遠眺的正是聯合國總部，而此岸本身也宛若地球村的縮影。

島上不同社區的房客，來自中國的並不在少數，我住的這棟大樓也不會只有那位黑人學生在那段時間剛巧從中國返回，和我們住在同一樓層，另有西班牙人、德國人和法國人，他們的家鄉後來都爆發嚴重的COVID-19感染，回想過去彼此親友從國外搭機來訪是常有的事，以我住處一隅投射整個大紐約，有誰會天真地以為紐約這樣人流頻密的全球大雜燴，真能在一場起於遠東的病毒風暴中倖免？

果然，就在那位廣播節目主持人拿可樂娜啤酒開玩笑的兩週後，所有紐約居民都收到一封市政府發出的「關懷」信函。官方罕見地提醒市民因武漢疫情關係，即刻起請所有人都要多注意公共衛生，例如在公共場所打噴嚏、咳嗽要遮掩口鼻，或是建議多洗手諸如此類，倒是仍特別強調所有人都可以繼續維持正常生活，除非你覺得自己生病了，請留在家裡別出門。很快的，一些廣播節目主持人也在節目上跟進，呼籲身體不舒服的人最好都待在家裡，但他們提到這一政令宣導的時候，多半還是嘻嘻哈哈頗不正經。

自從那位南京大學的黑人同學回到我們大樓後不久，美國疾病管制與預防中心（CDC）便正式宣布，將從二月中開始加強國內各機場的相關檢驗，所有國際航班抵達，都要先確認機上乘客的旅遊史，有疑慮的都要先量體溫，並填寫個人健康狀況表。這是繼撤僑包機，美國又進一步展開的防疫行動。位在紐約皇后區的甘迺迪國際機場（John F. Kennedy International Airport），長年位居全球二十大繁忙航站，超過九十家航空公司在此營運，年旅客吞吐量超過六千萬人次。同在皇后區另有擴建中（二〇二〇年）的拉瓜迪亞機場（LaGuardia Airport），它的忙碌之狀亦是可見一斑。如何對龐大的入境旅客執行健康狀況檢驗，需要相當足夠的設備和經驗。非常遺憾，接下來事實證明，原來當初所謂入境健康查驗和旅遊史確認，其實是做得零零落落。很多義大利、伊朗或從中國中轉他國的潛在帶原者，就在如入無人之境下進入紐約。紐約三月一日首位確診的患者，就是甫從伊朗搭機回來的三十歲女性，當時伊朗疫情，已是中國之外前三名嚴重的地區。

風雲變色的三月

先有紐約市政府正式卻又不帶危急語氣的公衛提醒信件，之後又有聯邦政府宣布的機場檢測措施，包括我在內，周遭朋友大多已能理解這不會是完全和紐約不相關的病毒風波；但三月之後，有很長一段時間，如果你因官方一些前期防疫動作，而表現得對這場病毒略帶惶恐或緊張，你恐怕會被旁人挖苦是「新聞看太多了」才會出現神經質反應。就算官方針對「非典型冠狀病毒」（當時稱法）在稍後兩週內一連發出三封警告信，且在最後一封信中，明顯拿掉前兩封還寫有的「可以如常舉行校外教學」字句，甚至建議大家開始儲存日常用藥和儲水，不少人卻還是認為這些提醒太過大驚小怪，且有小題大作之嫌。

當然，我知道身邊那些兢兢業業的紐約朋友，為數不少關切的重點還是華爾街股市會否因此出現震盪，又或者如此一來，會不會影響到民主黨的總統初選，至於反川普的紐約客，倒也完全沒意料到即將而來的病毒風暴，原來可被他們劃定為川普執政以來的最大敗筆。話說回來，我也突然意識到世界大熔爐的紐約，不同膚色、人種，原來面對病毒威脅的反應是很不一樣的。那段時間，身邊的人從緊張兮兮忙著屯糧（多半是亞裔）到感覺沒什麼大不了的都有。我應該算是介於兩者之間的「審慎觀察派」，以為紐約不僅被稱為好萊塢的巨型片廠，還是災難片取景最多的地方，於是一直在等著看它到底打算上映什麼類型的故事。

非常不幸，紐約人過了一整個事不關己的一月，一個繼續無關痛癢、作壁上觀的二月，進到三月，一切就風雲變色。三月一日第一例確診，三天內就出現了十一個病例，促使紐約州長古莫（Andrew Cuomo）接連提出讓人心跳加速的警告，這下終於有人相信病毒不僅將傷及紐約，還可能會是重創，因為當時官方傳染模型已預測紐約遭感染的人數，會是以數十個、數十個的數學函數增加（實際上更糟），而紐約人根本還沒來得及回神。之後，當多數人開始會動手查閱紐約州的確診數字時，全州已經超過上百例感染了。三月八日婦女節當天，也是紐約州宣布進入緊急狀態的那天（亦即將向聯邦爭取更多經費），自此，紐約關於疫情的報導已無一日好消息。

三月起，美國媒體的新聞焦點排序，民主黨總統初選的消息不再獨占鰲頭，關於「Coronavirus」的報導占掉愈來愈多各節新聞的時間，幾乎每家新聞臺的主播都是以它為開場，沒有人再拿可樂娜啤酒開玩笑，疫情消息更新，都快跟不上紐約人的感染確診速度。初期，那些確診者主要居住在熱鬧擁擠的曼哈頓，而且都有特定旅遊史，或是曾明確接觸過其他確診患者，例如家人和鄰居，使得大家原以為應該不難對疫情發展進行後續追蹤，結果完全不是這麼回事，因為病毒實際上早已在全紐約大規模擴散，只是初期還沒被發現而已，等到一個個沒有警示疫區旅遊史的病例出現，官方才恍然大悟大事不妙了。

不過，如果說這樣就能刺激全城警戒，那就太「瞧不起」什麼大風大浪沒見過的紐約客，隨著確診人數不斷增加，這座城市緊湊繁忙的步調依舊，平靜得沒有恐慌情緒，但也沒有像樣一點的危機感，直到三月十三日，紐約市長白思豪（Bill de Blasio）宣布所有公立學校即日起停止上課，我才從眾多家長的「哀號聲」中，隱約感受到終於有人願意認真看待一場即將而來的災變。看來紐約不僅是最多美國電影取景的地點，現實中居然也如此充滿戲劇性，連一場病毒風暴都和好萊塢災難片的鋪陳節奏若合符節。

紐約從第一個感染病例出現，一星期內確診人數就達到一百七十三例，接著是局部封區、多間學校停課，然後是全部學校停課，低壓瞬間壟罩，舉城風雲變色，等到人人聞毒色變，已經數萬人確診，上千人死亡，紐約快速超越了美西的加州和華盛頓州，成了全美受創最嚴重地區。大女兒和她同學「也許下週末我們就可以一起玩」的企盼，拖過了兩個多月，兌現的可能性仍是遙遙無期。

2　病毒給紐約客的人生課題

▶ II

為了遏止一發不可收拾的COVID-19擴散，紐約官方火速按下「暫停鍵」，主要步驟如下：三月十三日，全紐約市公立學校全面停課；三月十八日，紐約州所有非必要勞動人力僅准許百分之五十的員工出門上班；三月十九日，一舉提升到百分之七十五非必要勞動人力居家工作；三月二十日，除了醫療和民生必需行業，所有人都得在家上班。連續幾天加重力道，旋即進入最後底線的行政禁令，擴及程度不斷提升，目的只有一個，就是不要讓人和人繼續頻繁接觸。紐約各大小企業、公司一開始為了調配非常時期的員工輪值班表，還顯得有些手忙腳亂，結果白忙一場，因為很快的絕大多數人根本不用再進辦公室。

官方對禁令的用語，一開始出現的是傳統上用於戰爭狀態或核災發生時的「居家庇護」（Shelter in place），好巧不巧，病毒來襲之前，美國才上映了一部以曼哈頓為背景的警匪電影《爆走曼哈頓》（*21 Bridges*），電影裡紐約市警察為了抓捕歹徒，於是把曼哈頓聯外的二十一條橋全封鎖了，片中場景之一是時報廣場的一面電視牆，那時牆上驚鴻一瞥出現警方緊急宣布「Manhattan Lockdown……」（封鎖曼哈頓）。回溯這一幕，原來紐約現實中的遭遇可以比電影情節更具戲劇張力。但可能是「居家庇護」用詞一下子被詮釋過度，大家以為先一步發生在中國武漢的封城將在紐約上演，紐約州長古莫才趕緊自創「紐約暫停」（New York on PAUSE）這個帶點時髦味道的禁令字眼，意思是離「真正的關機（封城）」還有一段距離。這段居家防疫的日子，紐約人實際上也的確還不到寸步難行的地步，但對於全城轉瞬之間天翻地覆的改變，且顯然將留下重重後遺症，則一點也不需要懷疑。

在百分之百非必要勞動人力居家工作禁令宣布之前，家裡兩個孩子已經因為學校停課，和我一起足不出戶整整一個星期，幸好家中有個機警的女主人，包括口罩、消毒用品和三餐食材，她都已在紐約尚未發現第一個COVID-19病例時，就聞風陸續買入備用。當時我還笑她的「超前布署」果然充分發揮了典型處女座特質，沒想到我們才剛剛將這些物資依序放入半大不小的儲藏室，便立刻又翻出來全數派上用場，我們全家於是都很感謝她的先見之明。

再冷靜理性的社會也難免恐慌

直到我們開始消耗先期儲備的物資，鄰近住家的COSTCO大賣場已是天天人滿為患，停車場排隊進場的車陣可以長達數百公尺，曼哈頓市區很多超市裡的家庭必備用品也都一夕間遭掃購一空。貨架上，符合當地人日常食材的蔬菜、水果和肉品非常搶手，尤其奶蛋的補貨需求更是空前急迫。

更別提華人超市之前一度出現的屯積米糧人潮，雖然紐約民生物資充裕，但病毒氛圍下造成一時的恐慌性消費，再怎麼冷靜理性的社會也是在所難免。

所謂「非必要勞動者」，就是除了提供民生必需品的超市、醫院、診所、大眾運輸、郵局、快遞和加油站，或是外賣餐廳的工作人員之外，所有人都不得再外出工作，這當然是為了降低群聚造成的病毒傳染風險，情非得已才祭出在紐約史無前例的人我隔絕措施。禁令後的第一個週末日，終年人山人海，車流擁擠，喧囂壓迫到讓人幾乎要喘不過氣的曼哈頓，倏忽就變成了一座悠悠哉哉的大空城，突然感覺到大事不妙的紐約人，往後幾天幾乎都躲在家裡觀望著局勢將如何演變，猜想後頭是不是還會有更大的災難發生。這樣的低壓氣氛，即使三月底的中央公園有幾天出現了難得的風和日麗，綠油油草地上空蕩蕩的景象，倒只顯得蕭瑟。美國影星威爾．史密斯主演的《我是傳奇》（*I Am Legend*），就是以紐約為背景的大規模病毒感染科幻片，一部二〇〇七年上映的電影，竟成了十餘年後的預言。人類不是沒有編撰可能遇上災變的本事，差別在於回到現實生活裡，任誰都無法從簡化的劇情中找出解決之道，也從來沒有真正出現一位能夠力挽狂瀾的救世英雄。

當絕大多數人都得在最短時間內，盡可能快速摸索出一套封閉社交的生活方式，我相信所有經歷這場波折的紐約客，馬上就領悟到這並不是某個額外賺到的假期或家庭團聚時刻，尤其當紐約市、紐約州相繼宣布學生的停課時間將延長至整個學期，無論是失業在家，還是尚需居家工作的家長聽了皆是欲哭無淚。每天看著新聞報導中不斷攀升的COVID-19感染確診數字，殆無疑義，它就是一場毫無僥倖可能的長期抗戰。美國各州的病例數示意圖雖然顏色深淺有別，也唯獨紐約州一馬當先情勢急轉直下，尤其紐約市幾乎是一夕間顏色就全面翻成疫情最慘烈的暗紅，官方之前每一項針對疫情的悲觀預告，結果沒有一項是在嚇唬民眾。

變調的日常生活

當我們以為已歷經了一場漫長的居家防疫期，再次翻看牆上高掛的月曆，才恍然大悟原來這一切也不過發生了幾天而已。這是全城禁令後普遍會有的反應。在行動嚴格受限的空間下，一個人對時間的概念也會開始變得模糊。你心想著自己總算順利進入非常時期的防疫生活模式，回頭一望，你居然快忘了這種日子究竟是從什麼時候開始，又或者進展了多久，稍一閃神，就會不慎掉入一種日後無止盡，前期無起始的空洞狀態。除非不斷回溯自己行事曆上當初特別標注的日期，否則當行動僅能局限在單一空間，一個人的生理時鐘，也很容易出現混淆，到頭來就不只是孩子會問你今天是星期幾，連大人也會搞混了今夕是何夕。

怪只怪 COVID-19 太讓人捉摸不定，而且傳染力顯然強過之前在美國造成全境擴散的流感，不只使得居家工作成了必要舉措，若沒有配合人我之間的「安全社交距離」，則防疫效果也將事倍功半。而「安全社交距離」（人和人距離六呎／一八〇公分）或許才是防疫期間最辛苦的一環。這代表著你即使能外出，但除了採買民生用品，之外什麼也做不了，不能和朋友相約去球場打籃球，不能去電影院看電影，不能外出去看球賽，不能帶孩子去動物園、去遊樂場，百老匯大大小小音樂劇全關了，連和親朋好友間的聚會也都全部取消，就連公園裡的兒童遊戲區，也被黃色警示條纏繞得像是一處處犯罪現場。在這些隔離禁令之下，等於更作實了紐約客給人冷漠、疏離的刻板印象。

就在嚴格執行居家防疫，廣播、電視不斷呼籲要保持「安全社交距離」的同時，許多仍營業中的超市，先是在收銀臺前一部推車的距離外貼上紅色等待線，各大賣場也相繼執行人和人間隔六呎間距，不僅限制入場人數，結帳時還會要求消費者必須根據腳下劃設的站立區間排隊結帳。隨著疫情不斷惡化，感染確診人數像是失去理智的飆升，我們出門採買補貨的壓力也就愈大。從初期未戴口罩出門，頂多謹慎行事，回家趕快洗手，直到同時戴著帽子、口罩、護目鏡和拋棄式手套外出，因為心理壓力促成的防疫工事大幅度改變，轉折也不過發生在短短幾天之內而已。

外出不只是全副武裝自我保護，我們甚至還會把每一件從商店架上取下的物品，回家再用含有雙氧水的紙巾勤快地擦拭它的每一面、每一角，非搭乘電梯不可，則會用酒精棉片消毒可能觸碰到的每一顆按鈕，最多情況是寧可氣喘呼呼在樓梯間爬上爬下。開車出門一趟，下車前總記得再把車上每個手指頭接觸過的地方再擦過、消毒一遍，每回我戴著拋棄式手套做這些事的時候，都會苦中作樂，跟太太開玩笑說自己好像「才剛幹完一票」。然而此時此刻，紐約各醫院正有數十萬人確診，數萬人死亡，那已不只是負責救治的醫護人員才會感受到的沉重無力感。當紐約州長古莫不斷警告紐約各醫院的呼吸器很快就將使用殆盡時，沒有誰會再把我做的那些自我保護措施當成歇斯底里。

紐約一瞬間全城都停了下來，多數人的社交活動也迅速歸零，但很多新的家庭勞務工作又都是在短短一兩週內，就以迅雷不及掩耳的速度接踵而來，讓很多家庭面臨了比「暫停」之前更加忙碌的生活。居家工作是一回事，那段時間，家裡有學齡孩童的父母，還得一一充當起孩子們的臨時教師，儘管校方很快就架設了線上教學系統，但年齡稍低的孩子多數時間仍得由父母陪伴進行。我們從此都對學校老師平日的教學技能佩服得五體投地，百分之百相信教育絕對是一項高超的專業，把孩子送去學校，也從來不只是為了換得家長一天之內難得的喘息空間而已。

病毒侵襲下，縱然幸運逃過一劫沒有染病，很多人的日常生活節奏也全都大亂，但孩子們失去的恐怕比大人更多，不只是不能再去公園玩耍，還被硬生生阻斷了對他們至為重要的群體學習，那是爸爸媽媽再怎麼想以Youtube上的簡易烘焙影片、畫圖或唱歌跳舞從旁協助也補不回來的社交功課。至於直播線上教學，家長們或者還得要在課程開始前稍微打理一下狼狽不堪的自己，快速地把客廳、房間收拾乾淨，把所有不宜在鏡頭前曝光的衣服、鞋子、襪子和私密衣物全都塞到櫥櫃裡頭，我相信大女兒那位每日翻新製播教學影片的老師，能夠週一到週五以不重複的衣飾穿著登場，也是基於同樣的道理。總之，那時無論留在室內還是走出室外，都經常讓人感到進退失據，過程中笑淚交織，也間雜著生活細節上幾許無奈的荒謬。

病毒給自己上了一課

許多家庭面臨的不便和難熬，我們一家四口大致也有相同的遭遇。孩子的作息漸漸脫離往常的秩序。起床、吃早餐、線上學習、午餐、寫功課、遊戲、看卡通、畫圖、玩玩具、盥洗、晚餐、彈鋼琴、收拾玩具、刷牙、睡前故事，制式化的照表操課，無不為了盡可能確保她們仍在吸收新知，又或者純粹打發時間也好，連五歲小女兒終於學會綁鞋帶都讓我們覺得相當有成就感。而我們卻仍必須在陪伴她們的同時，竭盡所能用自己殘餘的體力和精神，勉為繼續負起個人工作和家務上的雙重責任。但首先是那些呆板的課表已填補不了孩子對這世界旺盛的好奇心，對彼此來說，所有努力最終都淪為一連串索然無味的例行公事。

稍微值得安慰的，或許是這一路下來，也不全都只見家庭的額外負擔，每隔一段時間，如果外頭天候尚可，我們總能得空選定一處人煙罕至的公園綠地，一家相偕隨意信步其間，已略知時局輕重的孩子們也終於不再沿途吵著要買糖果和冰淇淋，反而能純粹地滿足於在石子路或草地上來回奔跑。紐約物慾橫流，連專屬兒童的消費市場都非常可觀，從春夏秋冬四季變換的衣物到各式主題玩具，配合年頭到年尾慶賀不完的特殊節日，對很多家庭的實際意義，就是一張張數不清的兒童類項目消費清單。這一回，首先因為COVID-19緣故，四月中本該大肆慶祝的復活節便收斂了不少，兩個孩子一前一後的生日派對，也改為一家四口簡單度過，當然，兩女兒生日願望之一，不約而同都是希望這場病毒風暴趕快過去。

「New York on PAUSE」為紐約客額外給出了一道人生課題，內容或深或淺，名為「暫停」狀態，卻又將人和人之間所能遇到的生老病死、日常百態，瞬間高壓濃縮並注入城市中的每個家庭、每個角落，讓大家自己去找出應對它最適切的答案。沒有人會感謝COVID-19為自己增添這一段艱辛的體驗，更何況它究竟從何而來，怎麼發生，仍是一團迷霧，但我相信至少能試著不去怨懟隨它而來的窘迫和不便，不讓病毒造成的身體健康威脅，變異而為損及人心的魔咒。

3　百毒不侵的紐約客

▶ II

本世紀人類最大瘟疫爆發的前一年一月，我們歷經輾轉折騰，終於搬進羅斯福島上一間搶手的公寓，也代表著一家人花了大半年才在皇后區東側灣區（Bayside）適應的生活型態，又要面臨一番調整。對我們這類紐約菜鳥來說，換區居住，就像闖入另一個世界，島上不僅環境迥異於當初倉促落腳的社區，現在隔條河，用肉眼就可以清楚眺望曼哈頓東四十六街到八十五街的沿岸景致，因為地緣之便，現在我出門最常見識到的，就是所謂紐約客的驕傲模樣。

島上白人、黑人、亞洲人和其他族裔的人口比例，約莫是四成、三成、兩成和一成，和亞洲人幾乎占了半數的灣區相較，這裡排序剛好顛倒過來。屬於市政府所有的羅斯福島，在一九六九年以九十九年期限租給紐約的「都市開發公司」（Urban Development Corporation）後，島上的住宅建築便以出租公寓為主。它緊鄰紐約這座怪獸之都的核心，我早有心裡準備，一家人必須花費不少心力才能摸索出寓居在此的應對之道。

我們在人生地不熟的小島上，意外地有了幸運的開始。藉由大女兒特有的社交手腕，她只在公園遊戲區用三顆小熊軟糖，就為我們一家取得一張走進典型曼哈頓家庭的門票。稍顯遺憾的是，現場沒有浮誇的紅酒和熱歌勁舞，而是一場傳統滿是氣球、彩帶、童言童語和卡通造型蛋糕擺在正中央的幼兒生日派對。

一年過去，我對其他受邀的孩子和家長們印象已略為模糊，唯獨難忘那對育有一獨生女的白人夫婦，因為我相信他們在病毒肆虐初期，很可能就是自以為百毒不侵的那一類紐約人。那位太太皮膚白裡透紅，金髮碧眼，臉部輪廓立體，舉手投足讓人以為她才是這家的主人，她與人交談的神態，我一直以為只會出現在美式電視劇裡。在她盛氣凌人向你握手寒暄的同時，似乎也一併打量了你的穿著品味，一邊微笑刺探你在哪裡高就，其實還不是想藉機宣傳自己丈夫在華爾街予人稱羨的職位。我們明明住在同一社區，從她口中描繪出的公用健身房、露天游泳池，卻彷彿成了上流人士不凡的標記，讓我一度懷疑是不是自己身在福中不知福。雖然她不至於像川普長女伊凡卡那般散發著驕矜貴氣，但我相信她心裡必定是以她為師。

豈止川普一個人以為沒什麼大不了

絕對不只一個理由，造成紐約全城在這場瘟疫初期表現得那樣漫不經心，以至於錯失了許多關鍵防疫機會。官方多所拖延的行動是一回事，超級城市密集的運轉當然也是不利於防止病毒傳播的因素，但紐約人的自負、驕傲，以為個人在金權帝國下占有一席之地，就是勇者的證明，這些地域情境造就出的在地人性格，我認為恐怕和他們普遍輕視病毒也脫不了關係。然而這種紐約都會人士的氣質，從來不是單一或只局限在某個族群之中，它的感染力很強，不亞於這次病毒，很容易潛移默化讓人有樣學樣，如同我當時以為自己也得表現得像那位驕傲女士所代表的紐約客，不讓她的自吹自擂專美於前，當下馬上以另一種形式的桀敖不馴反擊回去，否則何以在誰也不服誰的都市叢林立足。

美國總統川普正是發跡於紐約。他的言行舉止經常透露出來的，適巧就是紐約人自信過了頭的一面，而且經常把個人生命所能遭逢的任何戲劇性，都當成造就不凡人生的養分，看看他一開始面對這場病毒風暴高高在上的模樣，就是這個調調。歷來美式觀點裡，正面迎戰的勇士總是比避免戰爭的智者更容易獲得一枚英雄勳章，他們是不是也以同樣的態度看待起源於中國武漢的病毒，說不定真是如此，看著其他國家一一陷入病毒摧殘，直到三月紐約風雲變色的一刻，又豈止川普一個人以為這病毒沒什麼了不起。

紐約從來不是座安逸之城，某方面你不得不佩服當地人那種覺得自己不是被嚇大的臭屁樣子，美式風格總帶點迷戀超級英雄的成分，崇尚機率，對個人成功高度樂觀，紐約客的人生戰鬥其實每天睜開眼睛就在進行。這類普遍心態，不只一定程度默許了官方初期不必立刻卯足全力投入防疫，還使得對病毒傳染表現得太過小心翼翼的行為，都可能被當成是軟弱和焦慮下的馴服。

一開始，我很少看到周邊朋友、小孩同學家長或是島上社區住戶當中，有人真把一起新的傳染病可能來襲當一回事。只有在公車上，偶爾會聽到說中文的亞洲學生，彼此交換家鄉（中國）近況，或者漸漸的，地鐵上開始有戴口罩的民眾出現，且又清一色都是亞洲臉孔。這和口罩的防疫論誰對誰錯無關，而是「戴上口罩」代表一種面對病毒的清楚回應，那麼，道地紐約人對所知有限的病毒威脅，除了不戴口罩，又做了什麼去凸顯自己的高明？

沒有，他們絕大多數什麼也沒做。因為病毒雖然會讓人生病，但身體孱弱的人，才是病毒攻擊的目標。今天之前，沒有一個紐約人相信自己會遇上本世紀最大一場瘟疫，所在的紐約還會淪陷為超級疫區，我敢打賭，曼哈頓一棟棟密集高聳入天的高樓大廈，櫛比鱗次共同打造出來的驚人城市樣貌，早讓紐約客不由自主堅信，誰能在這地方生存，就注定具備了超越一切的爆發能量，哪怕是尚無藥醫的奇特病菌，又有什麼理由要讓自己為它杞人憂天。

不過是比較嚴重的流感

記憶猶新的是，二〇二〇年初，基於工作所需，「武漢肺炎」成了我密切關注的一環，另一方面，卻也察覺到自己不可能只是隔岸觀火，因為美國的公衛學者、病毒專家都已陸續提出警告，要民眾千萬不要掉以輕心。但即使我刻意引導切入病毒話題，暗示當地朋友難道沒有注意到爆發於中國武漢的肺炎，已經正朝美國直撲而來，他們卻還是自信滿滿，認為紐約有進步完善的醫療技術和設備，所以就算真有什麼，也不可能變成一件可怕的事，有時還被以「新聞看太多」虧了幾句。「Coronavirus 不過是比較嚴重的流感而已」，在疫情翻上檯面之前，就這樣成了許多紐約人視為生活依然可以無憂無慮的解釋。

住在紐約，討厭川普的人不少，偏偏他們又和川普一樣，深信成功的美國人（或者紐約客），就應當懷抱雄心壯志（Think Big），對謹小慎微（Think Small）的任事心態多是嗤之以鼻。那麼，在病毒還沒造成任何大麻煩之前就成天緊張兮兮，無論是民間還是官方，確實相當不符合美式風格，也不適用醉心金融中心數額龐大交易，鎮日野心勃勃積極向上的紐約。川普在他一九八七年出版的《川普：交易的藝術》（*Trump :The Art of the Deal*）自傳中，非常霸氣地寫道：大部分人都是受潮流影響而搖擺……但他認為「你不可以被驚嚇到，做你該做的事，挺直身軀……至於該發生的事，就讓它發生吧」。紐約不是川普的票倉，然而這裡獨有的競爭氛圍，不容否認卻又造就了各式各樣的「川普」。川普一開始面對這起病毒的態度是：「感染了病毒你也不一定會死。」有多少紐約人打從心底也是同樣這麼告訴自己。

我們選擇從灣區搬家到羅斯福島，在不少亞裔移民家庭眼裡，簡直是反其道而行。一來居住空間頓時變得更加窄小，而且雖然有一河之隔，我還是能清楚聽見曼哈頓此起彼落的消防車鳴笛聲，出入人群擁擠，也少了因為熟悉人種群聚所營造出的異地安全感。偏偏它的物價、房價和房屋租賃以及公共活動空間，付出和所得全都不符比例，多數亞裔家庭都是愈搬愈遠離市中心，房子愈住愈大，只有我們捨棄了地上兩樓，還有地下室、後院、私人停車空間的寬敞房舍，一家四口在清光大半家用品後，轉而擠進兩房一廳的小公寓，連洗個衣服都得拎著洗衣籃出門去使用大樓提供的洗衣間。但也正因如此，紐約於我，便又別具一番滋味。

承襲拓荒者勝者為王的精神，美國在短短一兩百年內就把自己鍛造成今天超級強國的模樣。但不同於西部拓荒者的粗獷，紐約又再將之升級，相信唯有透過強大的力量才可以取得個人優勢，而透過個人絕對的優勢，就能達到別人所不及的偉大成就。我永遠都搞不清楚紐約華爾街那些金融鉅子的權錢遊戲，即使再怎麼湊近當地人的生活情境，也仍舊看不懂那些「在無形的監督下，被無形的手操控，以無形的速度，在無形的市場，移動無形的資金……從而賺取百分之十八以上紅利」（取自《人命大富翁》（*Human Capital*）電影對白）的營生手段到底是怎麼一回事。美國第三十任總統柯立芝（Calvin Coolidge）有句名言：「美國的事業就是做生意。」在我眼裡，許多正放膽和命運一搏的紐約人，腦袋裡裝的就只有關於這句名言的實踐計畫，好像除此之外，其他都是這座城市裡的枝微末節。

法蘭克・辛納屈（Frank Sinatra）主唱的紐約市地下國歌〈紐約，紐約〉（New York, New York）有段歌詞：「如果我（在紐約）做得到，我會在任何地方都做得到。（If I can make there, I'll make it anywhere.）」瘟疫蔓延之際重新吟唱，不免予人感嘆，紐約客真是成也自信，敗也自信。

4　每晚八時的吼叫聲

▶ II

二〇二〇年三月二十一日，紐約正式進入最新「居家庇護」（Shelter in place）措施，希望在維持城市基本運作的情況下，盡最大可能減少人和人之間的接觸，因為那被認為是最能有效遏止COVID-19繼續傳播的方法。和「居家庇護」的原始內容不太一樣的是，紐約民眾不必躲到房子的地下室直到情勢安全再出來，所有人仍保有一定程度的人身自由，外頭也沒有交通管制，大眾運輸則繼續運行。民眾還是可以外出採買民生必需品，要慢跑、遛狗也都可以，只是往後除非超商、診所、民生公共服務或外賣餐館等這些行業之外，所有勞動者全都必須改為在家工作。紐約官方不想用「Lockdown」（封城）那麼強烈的字眼定位它，甚至也覺得「居家庇護」不夠精準，所以再自創一個看似沒什麼大傷害的「紐約暫停」（New York State on PAUSE）說明實況。很多州也做了類似的宣布，全美同一時間有超過八千萬人的行動受到新規定的限制。

但就算還保有行動自由，街上八成以上店家都暫時歇業了，那段時間外出其實也沒有太多去處可以選擇，尤其官方大聲疾呼所有人不能再進行群聚活動，而且要每個人務必保持六呎（一百八十公分）以上的安全社交距離，也就是說你即使能自由走出家門，卻有很多事都做不了，連和朋友一起打籃球都不被允許。

首先而來，孩子們原本預定好的生日派對全都取消，朋友間約定的飯局也都一一往後推遲，針對四月中旬學校春假的安排計畫，全部泡湯，你生活圈裡還會和你接觸的成員，突然間只剩下自己，或者好一點還有家人陪伴。因為病毒傳播力量驚人，外出變得頗具壓力，就算只是下樓到超市買盒雞蛋都要斟酌再三，多數人於是幾乎成天都會待在室內。但這樣問題就來了。

若是遠離紐約市區，住戶們的房子可能會稍大一點（通常是離愈遠愈大），甚至是獨棟建築，一家人全天候待在同一屋簷下，居家辦公、料理三餐、手忙腳亂操作學校線上教學，大致區隔出的空間，可以讓家人間相互的干擾降到最低；但若是像我們一家四口窩居在兩房一廳的公寓，長時間緊密的相處，摩擦機會增加便在所難免，那對平日夫妻感情和親子關係可能就會是不小的考驗。

關禁閉

歷經居家防疫的生活，換個角度看，一家人確實得到難得的相聚時光，前期我也確實頗享受妻子、孩子時時刻刻圍繞在旁的溫馨畫面，眼前成天的嘻嘻鬧鬧，似乎讓人暫時忘了外頭是個已然病毒肆虐的悲情城市。但日復一日待在狹隘的室內，當然不利任何人的身心調節，接下來沒多久，孩子鬧脾氣的次數變多了，我和太太居家分工也開始出現不協調。她想替我們準備一頓晚餐，廚房飄來陣陣的油煙味，經常讓我無法專注精神寫作；我若得空，則會拖著一臺隆隆作響的吸塵器全室清潔，這時換居家工作的她無處可逃。兩個孩子白天把所有玩具、故事書全搬出來，到了晚上又再全收回去，膩了就開始自己另外找樂子，結果是趁大人不注意，把一雙雙褲襪的布料剪去變成「短褲」，把好端端的衣物裁切成芭比娃娃的新衣服，兩個小女生雖然經常喬扮成迪士尼卡通裡的公主，那段時間她們的臥房卻像遭到不知名的野獸蹂躪。居家防疫的生活，就在一家四口起初和樂、偶爾變調和作息修正之間輪番反覆上演著。

但這其實也沒什麼好抱怨，羅斯福島上超過兩萬住戶，多半和我們處境相同，終究不耐煩悶逃離紐約的並不在少數，非常時期不是只有我們在忍耐煎熬。偏偏此時此刻，紐約貧富兩個世界的對比則又更加鮮明。我們曾想過一勞永逸，乾脆直接住在曼哈頓市中心，免去太太每日上班舟車勞頓的麻煩，但天真的想法很快就因不符比例的房屋租金和居住品質打退堂鼓。我們付出同樣的價錢，在市中心可能只得一間宛若囚籠的單身套房，現在回想起來，幸好當初沒有做出錯誤決定，否則今天居家禁令一出，兩房一廳都不免壓迫，何況是在成天不見天日（有些甚至沒有對外窗）的窄小公寓裡關禁閉。

不過，隱身曼哈頓的豪宅其實不計其數，有些豪華房舍或可媲美郊區獨棟宅邸的舒適，甚至有過之而無不及。一戶人家，動輒五間臥室、三間客廳，寬敞的開放式廚房和堆滿食材也不顯擁擠的偌大中島，居家成員可以分別擁有獨立的衛浴設備，另有私人健身房、室內游泳池，乃至藏蔽在林立高樓裡的私人空中花園，居家防疫對他們來說當然也會有所不便，但除非個人忍耐度極差，不然如此這般的居住條件應該能相當緩解社交疏離的諸多後遺症。反觀在很多恐怕要靠兩份時薪才能在當地有處容身之地的人們身上，這場病毒風暴額外造成的身心壓迫，簡直是在摧毀他們的人生。

兩個世界

雖然以COVID-19全球蔓延的態勢，病毒挑選的對象，看似不分男女老幼、貧富貴賤，但當各國開始實行阻絕病毒的手段後，就又未必是那樣一回事。紐約市因為它先天過度頻密的人流互動，使它成為全美受創最嚴重的地區，若再細究紐約市五大區的感染狀況，病毒傳播高峰階段，根據紐約市政府的病毒確診率分布圖，最嚴重地區就真的剛好落在貧困的移民社區。當紐約市傳統富有的曼哈頓和史坦登島病例增加速度開始減緩（尤其是白人為主的住宅區），每日確診率進而落到百分之五十以下時，皇后區移民聚集，而且多為貧窮線下的社區，病毒陽性反應的曲線卻仍在飆升，一度駭人到每千人就有一人感染。這是紐約市府衛生官員針對確診分布圖分析得來的殘酷事實，差異的關鍵，便取決於你那所謂的「家」是大是小。

曼哈頓多的是嬌生慣養的新富階級，承平時期，他們理所當然享受著更高規格的舒適和奢華，因為在標榜開放競爭的市場裡，窮人（或者一般人也是）根本沒有任何勝算和那些富有的人競爭住屋。我們住在羅斯福島上的公寓，至多是島上租賃市場的中價規格，當初我們要不是付錢時手腳快了一步，這公寓恐怕就要拱手讓給另一位願意自抬價錢的房客。就算是對照美國自己國內城市，紐約市的「住」也會讓美國人望之卻步。我甚至很懷疑紐約官方對貧窮的定義和計算，是否到今天還是以家庭食物的費用做為基準，而忽略當地房屋租金以及房價每年大幅的調漲，那些所謂貧窮區的居民，就算平日沒有受到病毒威脅，相信日子過得也是相當艱難。

這是一場世紀病毒另外折射出的紐約實景。悲哀的是，這座城市據此正視貧富差距的可能性，應該是微乎其微，當年一度對「華爾街之狼」種種風起雲湧的反撲，而後不也彷彿船過水無痕。那些居住在皇后區傑克遜高地（Jackson Heights）、艾姆赫斯特（Elmhurst）和可樂娜（Corona）等所謂窮困社區的居民，到頭來也只會因為一場病毒，讓旁人再為它發出幾許嘆息。紐約格外尊崇「力大便是美」的遊戲規則，我實在感受不到它會因為這起風暴稍做修正，畢竟那滿足了多少人競相吸吮這座城市釋放出來的野性，相信那就是促成一樁又一樁美國夢必備的特質。過去半世紀以來，紐約人不就是在這樣的氣氛下，不斷刺激出追逐世界第一高樓的風潮，甚而立下了由無限制的欲望所形塑出的資本主義競爭秩序。

若說紐約富有階級的大腦，只懂得用在無止盡的商業開發和如何最大化個人財富，應該沒有人會出面替他們緩頰。去看看《建築文摘》（*Architectural Digest*, AD）專門介紹曼哈頓豪宅那幾支令人眼睛為之一亮的影片吧，看它是如何藉由讚許在不合理的情境下

（如超高價地段）擁有一間極盡奢華的私人住所，從而暗藏鼓動一個平凡人也會想贏的欲望。你相信嗎，買下一棟豪宅附贈一輛超跑已算是次級贈禮，在紐約，它的浮誇至極，竟然是送給市中心豪宅買家兩張遨遊宇宙的太空船票。紐約早把資本主義競爭的本質發揮到極致，並且顯然設定了一個人所會面臨到的任何痛苦，終歸都和貧窮有關，那麼外在的物質享受就會是幸福人生的最佳保障，成功人生也許有很多要件，在此則似乎全由金錢比重去衡量。

簡而言之，紐約富有的人認為自己富有，就是因為他腦袋跟別人想的不一樣。經過一段時間的紐約洗禮，我對當地富有階級的霸氣和自命不凡也算稍有領略，他們根本不在乎鑑別貧富差距的基尼係數，一個人有本事遙遙領先他人的收入，怎麼會是道德問題？只是，如此求「財」若渴的氛圍，也不全只存在那些頂端富豪之間，尤其貧富兩端天壤之別的生活樣態，過去又讓多少人心生不甘，即使沒那個條件，卻也同樣覬覦高風險投資下的暴利，然後不惜鋌而走險心生一搏，遊走法律邊緣以圖加入高端的金錢戰局也在所不惜。

二〇一八年夏末，我和家人初來乍到，那是我第一次親眼見識曼哈頓建築的雄偉華麗，心想也真是太了不起了，在這寸土寸金的地方，地不夠多，有錢人還是有辦法無限擴大他們的房子，方式就是不斷將它往上蓋。我對盛名遠播的曼哈頓懸日（Manhattanhenge）非常嚮往，好幾次從明信片，或專業攝影集裡欣賞到夕陽餘暉灑在曼哈頓東西走向的棋盤布局街道上，兩旁高聳的建築，又是如何完美地襯托出遠方盡頭壯觀的日落。後來因故錯過了第二年的夏日奇景，再次想起，這座城市已是病毒纏身，就算夏天到來，曼哈頓也未必能恢復元氣，於是興致便不再那麼高昂了。

自從居家防疫措施正式實行以後，隔沒多久每天晚間八時，我們住家外就會響起陣陣金屬敲擊聲，並且伴隨著哇哇嗚的呼喊，那是部分住戶為了社區「自主宵禁」，彼此隔空加油打氣想出來的點子，持續了超過兩個月，黑壓壓窗外傳來的呼應聲依舊此起彼落。這也確實反映了長期無法外出正常活動，還得成天深埋在小公寓裡必然造成的心理抑鬱，不只存在於一個人、一個家庭、一個社區。之前，收看ＡＤ介紹曼哈頓豪宅的節目，偶爾有神遊其中做了場白日夢的療癒效果，直到病毒席捲全城，處在暫停下的紐約再看它，卻反而感到有點心理不平，索性把電視關了，我也站上陽臺，一起加入敲打吼叫的行列。

5　病菌之都

▶ II

當初我準備啟程飛往紐約之前，很多朋友熱心提供了非常多實用的行前教育，有意思的是，無論他們在哪個時期、居住在紐約哪個區域，對當地公共環境衛生的評價，都沒有留下什麼好印象。其中有人特別叮嚀，「搭地鐵的時候，如果車廂擁擠，唯獨有一節空空蕩蕩，可千萬別以為幸運而選它上車。」因為要不這節車廂髒到讓人敬謝不敏，要不就是裡頭味道臭氣沖天，尤其週末夜，車廂座椅上四濺的穢物，很可能是哪個乘客嘔吐後的傑作。紐約地鐵百餘年前啟動的一刻，不得不說真的是美國驕傲，今天它除了路線繁忙縝密和載客量超高的特徵外，最具「口碑」的，恐怕就是它真的很髒。一開始我對朋友們的勸告並沒有放在心上，還以為那只是大家口耳相傳的都市傳說，直到吃了幾次悶虧，才確信每一個人的悲慘經驗皆所言不假。

就在二〇一九年秋天，美國開始浮現流感恐怕又將捲土重來的徵兆時，一位旅居紐約多年的朋友，特別提醒我每天都得搭地鐵上班的太太，千萬記得不要隨意觸碰地鐵站內提供的公共座椅，更別坐在它上頭，因為你永遠不知道上一個使用的人是誰。很多當地人曾經出現不知名的皮膚過敏、身體發癢或是莫名的細菌感染，都被懷疑是和觸碰那些沾滿病菌的椅子有關。我們也沒必要把地鐵可見的髒亂和未知的細菌叢生，罪過都推

上圖　從一九一一年就矗立在紐約公共圖書館門前的兩隻獅子，一隻名為忍耐，另一為堅毅。以紐約精神標的的姿態，伴隨這座城市歷經無數風霜挑戰，包括這次的世紀瘟疫。（莊士杰攝）

下圖　曼哈頓一棟棟密集高聳入天的高樓大廈，櫛比鱗次共同打造出來的驚人城市樣貌，讓紐約客相信自己具備了超越一切的爆發能量。（李濠仲攝）

上圖　紐約讓人為其浮華慕名而至，圖為名聲響亮的紐約洋基球場。（李濠仲攝）
下圖　曼哈頓懸日配上一棟棟高樓，是著名的攝影場景，但如今這座城市已病毒纏身。（莊士杰攝）

上圖　紐約遇上比戰爭更可怕的試煉，但紐約人直到三月才感受到風雲變色。（李濠仲攝）

下圖　三月十三日，紐約市長白思豪宣布所有公立學校即日起停課。圖為孩子將想念老師的圖畫貼在窗戶。（李濠仲攝）

上圖　今天之前，沒有一個紐約人相信自己不僅會遇上本世紀最大一場瘟疫，所在的紐約還會淪陷為超級疫區。圖為居家防疫禁令後的時代廣場。（李濠仲攝）

下圖　空無一人的百老匯戲院區，紐約彷若真實上演電影《我是傳奇》。（莊士杰攝）

上圖　嚴峻的疫情導致商店暫停營業，經濟活動停擺。圖為時代廣場上的Line Store。（莊士杰攝）
下圖　新富頓漁市場有一半淨空，買客稀稀落落。（莊士杰攝）

甘迺迪機場第五航廈TWA過境旅館，未來性的造型，彷若科幻電影場景，也空蕩無人影。（莊士杰攝）

紐約很多超市的家庭必需品被橫掃一空，雖然物資充裕，病毒氛圍下造成一時的恐慌性消費，再怎麼冷靜理性的社會也是在所難免。圖為美國受歡迎的連鎖超市 Trader Joe's。（莊士杰攝）

上圖　日營運量超過五百六十五萬人次的紐約地鐵，也是細菌滋生的天堂。（莊士杰攝）

下圖　居家防疫禁令一出，幾乎所有勞動者都無法外出工作，地鐵站難得如此空蕩。（莊士杰攝）

給無家可歸的流浪漢，因為紐約總計有四百七十二處車站，超過六十部電梯和近兩百部手扶梯，日營運量達到五百六十五萬人次，任憑哪家營運公司要替它維持清潔，都會是相當高難度的工作。

還沒搬到羅斯福島之前，我們一家外出經常搭乘紐約地鐵七號線，因為高架的鐵道設計，當列車橫越皇后區，轉進長島市，再緩緩跨越東河駛入曼哈頓的一刻，只要抬頭望向車窗外，就能欣賞到紐約不斷變換的都會風貌，算是單趟二點五美元票價的額外紅利。七號線路線行經之處，有太多熱區值得做為鏡頭捕捉的焦點，但好幾次我不僅得忍受它高運量下的擁擠，錯過快線（七號線有分快線與非快線），車程耗時也是問題，不過最終會棄它而去，從此改搭有一半路程是在地底下行駛的火車，關鍵原因就是地鐵車廂的環境衛生實在讓人不敢恭維。

連續和一萬個人握手

紐約地鐵髒亂的程度已經病入膏肓，這是人盡皆知的事，只是紐約大都會運輸署

（MTA）居然還在二〇一九年秋天發布一場連帶讓乘客倒大楣的裁員行動，公司高層一聲令下，就要近八十名地鐵清潔員工捲鋪蓋走人。被惹怒的運輸勞工工會分會Local 100（TWU Local 100）一來認為裁員不具正當性，二來為了凸顯清潔人員對地鐵身負重責，隨後便刻意舉辦一場名為「垃圾車廂」（Traintrash）的攝影比賽，鼓勵搭車民眾隨手拍下地鐵現場髒亂不堪的照片，最後還頒獎給參賽作品中的傑出攝影。

活動一推出，果然收到許多民眾寄來的「噁心照片」，無論是地鐵車廂內的椅子、扶手、窗戶還是地板，那些日常的髒亂現象，每一幕都足已讓人倒盡胃口。車廂裡到處都有用過的衛生紙、痰、糞便、垃圾、口香糖、嘔吐物、不明液體和腐化的食物，甚至還有拆封後的保險套。當把這些散落在不同線路、各節車廂的髒東西匯集在一塊，你真不敢相信一個以地鐵服務為傲的城市，乘客的公衛水準竟然是如此低落不堪。

八〇年代初期，是紐約塗鴉文化攻陷地鐵的高峰，不僅地鐵站裡滿是奇形怪狀、五顏六色的塗鴉，甚至一度有高達百分之八十的地鐵車廂都被當成塗鴉愛好者的創作舞臺。即使市政府恨透它嚴重破壞都市風貌，還把刷新地鐵車廂當成一項重要而迫切的施政，但總還有為數不少的紐約客認為那是年輕人獨有的藝術風格，而且不能否定它其實也一併豐富了紐約文化。就算不苟同車廂塗鴉，當它是難登大雅的劣質畫作，可是做為毀損紐約地鐵形象的凶手，歷年來除之不盡的「髒亂」才是真正難辭其咎。

紐約地鐵絕對是紐約人最倚重的城市建設之一，不過他們未必以為自己對地鐵的環境衛生有一定程度的道德義務，多是純粹在消耗它的便利性，結果今天連紐約人自己都不敢坐在地鐵站內的椅子上稍作休息，根本是自作自受。這還沒包括地鐵站裡經常漏水的天花板，汙濁的磁磚牆壁，還有偶爾從你眼下蹭出然後又一溜煙消失在暗處的老鼠。在翻閱紐約地鐵的相關報導時，我偶然瞥見之前曾有過的一份調查（二〇一六年 Travel Math 的報告），報告結論並不讓人意外，紐約地鐵每平方英寸的菌落形成單位（colony forming units, CFU）早遠遠超過舊金山、芝加哥、華盛頓和波士頓這些城市的地鐵，它病菌孳生嚴重程度相當嚇人，如果有人往車廂的扶手摸一把，沾上的細菌數則幾乎等同於連續和一萬個人握手。

不過，我們當然還是得為紐約地鐵說句公道話。比起四十多年前，紐約地鐵因為既髒又亂，還經常在車站或車廂內發生搶劫、命案，因而被冠上「輪上地獄」或是「強盜快車」的惡名，如今的紐約地鐵，環境絕對已好過那段腥風血雨的過去。只是純就現代化都會運輸工具而言，今天的載客量早已不是四十年前的情況可以同日而語，它會成為一座超級城市裡的病菌大溫床，也是現實環境下理所當然的事。當二〇一九年流感再一次迸發時，紐約就已有學界分析前一波二〇一一年的流感大流行，紐約地鐵尤其必須為其中五分之四的傳染負責。

在紐約陷入疫情風暴之際，我們一家人幾乎已完全不再使用地鐵做為外出交通工具。居家禁令尚未發布前，有一段時間，我寧可早點起床，連同把兩個還在睡夢中的孩子挖起來，一起和我開著車，「護送」仍需出門上班的太太前往辦公室，盡可能不讓她在這個時候還得頻繁出入地鐵站。理由非常簡單而正確，地鐵車廂的密閉空間，本來就是傳染病毒的高危險區域，最重要的是，疫情來襲，大家都知道不僅不要讓自己染上COVID-19，在紐約幾乎每間醫院都已為之人仰馬翻、愁雲慘霧的情況下，任何人這個時節最好什麼丁點病痛都不要惹上，既然知道地鐵藏有大量病菌，就算它沒讓你感染COVID-19，也可能另有其他風險，在情況允許下，又何必心存僥倖，平添自己身體出問題的機會。

標榜入內要脫鞋的公寓

而我們以為出了地鐵站就沒事了，恐怕也有點天真，因為曼哈頓的街道也同樣是出了名的骯髒。在傳統美式生活中，很多人即使回到自家住所，仍會繼續穿著外出用的皮鞋、高跟鞋或球鞋在室內走動，但在曼哈頓，這是非常不被建議的習慣。有紐約市區房屋仲介在推銷個案時，曾特別強調某間公寓的設計，就是要讓人入內必須脫鞋，這竟然會成為房屋賣點，正是因為大家都知道紐約的街道確實很容易汙染你的鞋底。你可能會踩到行色匆匆上班族打翻的咖啡，前一位遊客在公園野餐掉落的菜渣、果皮，或是滿街鴿子遺留下的糞便，然後在不知情的情況下，將這些髒東西帶回家玷汙客廳地毯或臥室地板。最可怕的是，紐約人隨地吐痰的壞習慣，常讓許多人的鞋底因此沾黏上數以百萬的病菌都不自知。

此外，直到藉由人與人接觸、口沫噴飛大肆傳染的COVID-19蔓延全紐約，除了「戴口罩與否」的公衛辯證之外，我們才發現原來紐約人在不隨地吐痰和打噴嚏、咳嗽遮掩口鼻上，一直以來做得並不徹底，甚至還有點不符合我們對高文明社會的期待。久居紐約，都知道這座城市除了人口擁擠，普遍大喇喇的生活習慣，皆在在助長了各式各類病毒的氣焰，病菌可以因而附著在餐廳出入大門的門把、路邊停車的收費箱、地鐵自動售票機的鍵盤、電梯樓層按鈕、圖書館或博物館外經常供人席地而坐的階梯，或許在任何稍具規模的城市這都無可厚非，問題就在紐約極其高壓負載的人流，讓不管什麼樣的病菌危機都會隨之倍增，這回COVID-19的快速傳播就是又一次的例證。

無色無味又無所不在的病毒尤其讓人不知警覺，生活在紐約，一個人從離家搭乘地鐵，到走過人行道進入辦公室，從頭到腳，衣服、鞋子，恐怕已經滿布無數的病菌。過去紐約人對於每天都得外出遭遇的環境衛生問題並不那麼擔心，可能和個人抗體有關，也可能和已經普及施打的疫苗有關，雖然無以避免要和病毒共處，但至少都有個人條件和外在救濟的應對方式，COVID-19的毒性和傳染力，無疑讓人意料之外，硬生生大舉超越了紐約這座城市天然和後天的抵禦能力。

6　沒有從流感學到的教訓

▶ II

二〇一九年秋天一場重感冒讓我餘悸猶存，那段時間我身邊有些朋友也出現同樣的症狀，像是體溫燒了退、退了燒，還有程度不一的咳嗽、鼻塞，微微的肌肉痠痛，即使一整天什麼都沒做也會感到體虛，雖然未必完全吻合醫院列出的「流感」反應，但也絕不只是一般風寒而已，即使服用了醫生開的藥，多數人還是拖拖拉拉，病懨懨將近兩週才痊癒。

美國進步的醫學舉世聞名，無論學術還是醫療上的肯定和讚賞，它確實都受之無愧。但是美國醫療資源向來不是普及大眾的親民產品，「人命不只有價，還有價差」，經常被拿來諷刺這個國家的醫療保險制度，美國電影也不乏以窮人付不起醫院帳單的窘境，做為反映社會現實的題材。尋醫就診讓很多當地人卻步，昂貴的醫療費用正是主要原因，有業者另外推出處方用藥保險，只要加入即可享有藥品折扣優惠，算是醫療保險制度之外的另一種自我救濟。

COVID-19 初期防堵不利，關鍵原因之一就是病毒檢測試劑盒嚴重短缺，且民眾測試一次要自費超過三千美元，這價錢遠超過在紐約領取基本時薪者的月收入，不少疑似感染的紐約人，幾經掙扎後，一個個乾脆選擇靜觀其變，不去醫院花錢做檢查，因而成了潛在的威脅，等到全紐約州終於獲得美國食品藥品管理局（Food and Drug Administration, FDA）准予自製檢測試劑，並獲得聯邦預算挹注，讓有嚴重症狀的民眾免費進行COVID-19病毒篩驗，但一切都來不及了。

我們一家四口轉居紐約後，每個月的醫療保險將近四百美金，幾乎是在臺灣的五倍。初期孩子一發燒感冒流鼻水，我們就緊張兮兮地為她們預約掛號、待診，再一起歷經冗長的就醫程序，就算終於拿到醫師開出的處方籤，絕大多數時候，也只是建議我們去住家附近藥局購買劑量適中的口服藥水，所以我們十之八九耗費半天，等於都是讓醫生拍拍肩膀安慰兩句就空手而回，在已有醫療健保的情況下，每次也還是得掏出二十美金的看診自付額。幾次下來，我們就不再給自己找麻煩了，遇上身體不適，只要沒持續發高燒就不理會它，孩子真的已經溫熱得面紅耳赤，就直接去樓下藥局按圖索驥挑選毋須醫師開立使用證明的兒童專用藥，反正頭痛醫頭、腳痛醫腳，習慣了絕大多數紐約人制伏病魔的方式，我們才漸漸減少就醫，但每個月的保險費還是得照樣支付，當作有備無患。

而我們起初以為是自己水土不服，一家人住在有限的空間，自然容易造成交叉感染，早就習慣了一人打噴嚏，全家都感冒。後來發現事情好像不是我們以為水土不服或抵抗力太弱這麼單純，因為二〇一九年聖誕節前夕，孩子學校轉交了一封市政府衛生局發出的信函，內容明確要求家中有五歲以下，且已進入「學前幼兒園」（Pre-Kindergarden）的小孩，一定要到醫院注射抗流感疫苗，否則新學期開始，學校有權不准孩子註冊上學，我們猛然發現在紐約一個人要染上流感簡直輕而易舉。

COVID-19和流感說出了同一件事

我之所以記憶猶新，是因為這封信來得風火雷電，收到通知後，接下來是即將進入的聖誕節長假，之後又有跨年新年假期，衛生局給的疫苗注射最後期限是在十二月三十一日，時間並不算充裕。很多家長要不同時擠在週末完成施打疫苗義務，就是得平日連同孩子一起向學校和公司請假去執行這道官方命令，那段時間幾乎每間兒童專科門診內都是哭哭啼啼哀鴻遍野，診所櫃檯安慰孩子的七彩棒棒糖經常發到一根不剩。

當二〇二〇年一月，首先發現於中國武漢的新型肺炎翻上檯面，美國流感疫情一度被兩相對照，但最早這類「中國武漢肺炎和美國流感」的相對論，有些根本不是在為公衛議題進行辯證，例如討論的焦點並非著重流感和COVID-19不同的病理現象，以及各自在人類傳染病學上的意義，而是存在太多政治交鋒。其中用意尤其不乏以此指稱美國流感感染和死亡人數更多，所以美國國土並不比中國武漢安全。只是，儘管美國流感確實一度被有心人用作政治議題炒作，試圖淡化中國隨武漢肺炎不斷衍生的負面訊息，但美國流感自二〇一九年秋季又一次捲土重來，而且還引發全國大流行，當然也是不爭的事實。

紐約衛生單位會這麼大陣仗透過學校祭出施打疫苗命令，正是因為美國疾病管制與預防中心（CDC）的統計數據，顯示流感患者不僅持續大幅增加，而且還出現愈來愈多兒童染病死亡的案例。二〇二〇年一月二十三日，中國武漢因為一起新型肺炎病毒蔓延，宣布「封城」，就在同一時間，美國流感患者則在當月之內就增加了四百萬人，從前一年秋冬流感季節開始，累積已造成一千九百萬人感染，有超過八千人因此死亡，其中十八萬人嚴重到必須住院治療，兒童患流感死亡的人數，當時也已出現六十八例。

之後再看流感，相較於COVID-19，兩者無論是感染力還是致死率，都無法以道里計；但病毒在紐約極其容易造成大量傳播，卻是這兩者共同發出的明確訊號。到二〇二〇年二月底，紐約得到流感的人數約十三餘萬，之後從三月到四月，當地COVID-19確診者也是十三餘萬，差別只在COVID-19是於短短數週內就大爆發。若單就感染人數，紐約其實有相當比例的人數同時受到嚴重呼吸道疾病所苦，而他們本身也正四處播散著病毒。

可以想見，百年前紐約造鎮，當所有人一股腦沉浸在打造繁華大都會的熱情衝勁中，不可能預想到百年後一座眾志成城的超級城市，會被無從捉摸的病毒大軍攻擊得如此體無完膚，雖然它過去也有過大規模的病毒流行，但今天紐約（尤其紐約市）無論是人口還是建築密度早已不可同日而語，再有病毒肆虐，每個人的生命健康都將暴露在更大的威脅之下。

「有地就有人」不是讚美

高密度人口的都會就是病毒的天堂，偏偏紐約這座城市每一區塊的建成，好像都是極盡可能在滿足病毒傳播的需要。紐約市總計有三十六條地鐵軌道，提供二十七個路線運行，鎮日繁忙交錯，單日營運量可以超過五百六十五萬人次，另有二十九條連結各區和跨州的橋梁、隧道，總計每日通勤的人遠超過上千萬人。

直到紐約政府警覺到在流感季節同時來襲的COVID-19已經勢不可免，開始忙著亡羊補牢，紐約市長白思豪首先是呼籲民眾上下班要盡可能避開人潮尖峰時段，如果遇到擁擠的列車進站，最好選擇搭乘下一班，或者乾脆在家工作，但初期如此天真的宣導根本是緣木求魚，因為那太違反紐約客的謀生現實，而且上下班時間哪來「不擁擠的車廂」。當時言下之意，恐怕是對如何就頻密的都會運輸提出有效防疫措施，實際上根本束手無策，因為頻繁使用地鐵的日常，早是紐約客經年累月既有的生活方式之一，縱然疫情已經失控的當下，紐約地鐵還是如常發車，一直要等到紐約州COVID-19確診人數超過三十萬，死亡人數超過兩萬，官方才首度宣布每日離峰時間（凌晨一時至五時）地鐵全面停駛，以為每節車廂進行消毒。

話說回來，要躲避病毒傳播，也不是不搭地鐵就會沒事。曾前往紐約曼哈頓旅遊的人應該都有過的經驗，就是行經此地，常會被擁擠的人行道壓迫得喘不過氣。過往紐約都市計畫中關於街道的規畫，包括將路人步行的可用面積劃分等級，不同級數的街道維護經費不同，行人走在上面的舒適度也完全不一樣。例如紐約市最舒適的A級街道，行人可得空間，是在步行時，平均每人享有超過一百三十平方英尺的面積，依序B級是每人平均享有超過四十平方英尺，直到最擁擠的F級，在這條街道上，行人平均只得到低於六平方英尺的步行空間，不僅所有人走路的速度會受到限制，還無可避免一定會和其他行人摩肩擦踵密切接觸。若遇上特定假日尖峰期，比方遇上跨年夜前夕的交通，當下呈現的人流就更像是環繞在麥加聖地的朝拜隊伍，每個人都只能順著同一方向緩緩前進。

這其實也是紐約擁擠的地鐵之外，另一個防疫難處。官方在規劃街道的時候，控制路面行人的流動是必要的環節，問題就在曼哈頓今天從南到北，從西到東，一個被形容成「有地就有人」，同時集合各項都會機能的多功能重鎮，在無從抑制往來人群時，就算美式人行道都比很多國家來得平整大器，試問今天還有哪一條街可以被列為A級？就我經常在市區被往來人群掃得暈頭轉向的經驗，此地大街小巷根本都是在F級左右水準。

於是我們又找到了為何紐約會成為COVID-19重災區的原因之一。若以COVID-19令人聞之喪膽的傳播力量來看，在居家防疫措施發布之前，紐約街頭有多少地方是日日夜夜人和人比肩而行，相距且都在六平方英尺之內，而這「黃金六呎」，正是紐約政府在防疫期間大聲疾呼，要每個人盡可能保持的安全社交距離（已經不只適用密閉空間），也就是說，曼哈頓在沒有居家禁令，而一切生活工作如常的情況下，大街小巷的行人步行使用空間至少要是F等級以上，才能一定程度減少人傳人的病毒散播。回到流感這道課題，因為沒有「保持距離以策安全」的前提，加上依然故我的個人主義公衛觀念，那麼流感會在紐約蔓延，也是意料中的事，再以流感推演感染力道更強大、而且沒有疫苗預防的COVID-19，居家防疫、在家工作禁令就是晚了那麼一步，後續眼看勢不可擋，官方對它的蔓延預測當然只剩下無盡的悲觀，因為他們已清楚望見鐵達尼號前頭即將撞上的那座冰山。COVID-19爆發之前，紐約人並沒有因為再一次大流行的流感而稍有警覺，若把他們的神經大條，歸之於紐約人凡事習於「正面對決」，相信也不會有人反對，不只用在金錢上的追逐，即使遭遇病毒來襲，態度也相去不遠。這說明過去即使大家都知道流感季節又要來了，絕大多數紐約人仍是抱持著過去既然沒有得過流感，就表示自己很健康，為什麼要多此一舉施打疫苗，且若沒有保險，疫苗注射還得自己付錢，然後再忍耐著它不甚舒服的副作用，真是何苦來哉。

紐約人的生活毋庸置疑的確是多采多姿，而它明明是座建立在複雜運轉系統上的多功能大城市，卻老是習慣用最簡單的眼光去面對任何日常生活中可能的干擾，即使對峙病毒傳播也差不多是這樣的態度。曼哈頓人來人往擁擠的街道，高樓群聚聳立壯觀，無視紅燈停、綠燈行的瀟灑紐約客，益發助長了一個人身居其間，儘管危機四伏卻又習於目空一切。流感沒有為他們帶來教訓，就不知道這回 COVID-19 事過境遷，他們是不是會像紐約州長古莫所說的，這裡真的將變得不一樣。

7　是螞蟻轉動了大蘋果

▶ II

女兒同學的爸爸James家客廳有片面向曼哈頓東河的落地窗，連結的牆上掛有卓別林、舊型打字機和薩克斯風一些略帶雅痞的素描畫作，他是會用古典手搖式電話機當作居家裝飾的時髦紐約客，而且還能頭頭是道自己廚房外那張木製餐桌的紋路風格。他在羅斯福島上算是小有名氣的住戶，曾在Netflix製作的電影《愛爾蘭人》（*The Irishman*）裡客串了一個小角色。二〇一九年我第一次遇見他的時候，他的本業是在曼哈頓東村（East Village）一家義大利餐廳當服務生。他們一家人曾上過新聞，主要內容是介紹他們幸運地以相當優惠的價錢，買進了原本島上只租不賣的公寓。

一九六九年紐約市政府和「都市開發公司」（Urban Development Corporation）合作執行了米契爾－拉瑪住房計畫（Mitchell-Lama Housing Program），讓建商可以用相對低廉的租金推出類似社會住宅的「分契式」（分戶式產權）公寓，算是羅斯福島從早年痲瘋病、精神病患的集中地，逐漸轉型為普通住宅區的開始。接著許多「分契式」公寓都有意進一步朝私有化變更，James就是在這個機緣下撿了個大便宜。他們兩房一室的「分契式」公寓租金每月約一千八百五十美元，以二〇二〇年的行情計算，這樣的價格根本還不到島上其他同樣大小出租公寓價錢的一半。當他們獲准（政府釋出，且得到其他住戶同意）

買下公寓永久使用權（所有權仍歸建商）後，每月房屋貸款也只需要兩千美元，真是羨煞多少也想在島上置產卻條件不符的紐約客。

起初，無論是一個月一千八百五十美元的房租，還是每月兩千美元的房貸，對James這一雙薪家庭都算不上太大負擔。雖然公寓空間略顯不足，但非常方便他前去東村上班，他的太太也在市區工作。兩人育有三名就讀小學的子女，James的班表多在傍晚以後開始，他太太則和大多數上班族一樣是在晚間下班回家。幸好他們上下班都不必耗費太多時間在通勤上，兩人出入調配得宜，剛好讓他們能夠輪流接手孩子的親職工作，直接省下了另請保母的昂貴開銷。他們以絕佳的條件住在緊鄰曼哈頓市中心一側，算是非常經濟實惠。

無預警的大規模失業潮

不過，James一家看似生活無虞，但在紐約，這樣的條件恐怕還不夠讓人感到踏實安穩，大蘋果的競爭強度，也許激發了紐約客無盡的夢想，卻少有人經得起勉為立足之後的意外閃失，任何人當下舒適的中產階級生活，似乎都有可能在一次生活意外下瞬間化為烏有。美國非營利組織「經濟困難報告計畫」（EHRP）執行主編艾莉莎・奎特（Alissa Quart）的調查著作《被壓榨的一代》（*Squeezed: Why Our Families Can't Afford America*）中，曾提到紐約的「極限托兒所」，述及二十四小時運轉不停的紐約，一個人的「每週工時」早已被嚴重扭曲。實際情況是，基層勞動人力必須兼職超時工作，要不半夜仍得繼續上班，要不天還沒亮就得出門開始一天內的第一份工作。所謂「極限托兒所」就是專為那些根本無暇照顧孩子的家長所設，它反映的當然不是特有商業服務的體貼，而是一個人真實的生存究竟有多荒謬和無奈。紐約第一個因為COVID-19社區感染，率先遭局部封鎖的是新羅謝爾（New Rochelle），當地就有兩間二十四小時全天候的托兒所，有多少住在新羅謝爾的家長，不就正以丟了工作為代價，才有機會在「非常時期」重新拾回和自己孩子的相處時間。

二〇二〇年三月爆發的COVID-19疫情就像場無情的城市大火，直接燒向許多和James同樣，其實並不能算富有階級的紐約家庭，他們也許有能力在紐約維持日常收支平衡，只是一旦多出任何額外大筆的開銷或是突然收入銳減，就會讓他們相當頭痛，例如James很快就遇上的紐約第一波失業潮。

首當其衝，很多對病毒傳播稍有警覺的餐廳，在紐約政府下達居家禁令之前，就先一步要店裡外場服務生縮短工時，最後則只留下不必和客人接觸的廚師與一位收銀臺會計，並由會計兼負外賣訂餐的接線工作。James損失的不僅是以時薪計算的收入，還有愛面子的紐約客經常出手大方奉送的小費，這些在發薪日之前就落入口袋的現鈔，對實際生活其實不無小補。若連原本生活安穩的James也是明明沒有染上肺炎，生活卻突然陷入窘境，其他條件欠佳的家庭，那段日子會有多苦就可想而知。

在紐約這座超級城市的運轉中，不是只有華爾街金融中心和證券交易所負責支撐起它的富麗堂皇，全城大街小巷也不全都是耀眼奪目的時尚產業。若沒有基層服務事業的百萬城市螞蟻雄兵，即使上流冠蓋雲集，紐約也成就不了它今天輝煌的一面。

三月初，我在居家防疫禁令發布前最後一次見到James，他已經不像之前那樣談笑風生，而且還略帶愁容，接下來很長一段時間他都是一整天在家照料三個不用上學的孩子，最麻煩的是工作突然沒了之後，家庭生計就得靠太太一人獨撐。於是，每月兩千美金的房貸，就變成了一張讓人揪心的帳單，就算銀行為了因應不可預測的災變給出了降息或延長還款計畫，算是稍微紓解部分人手頭過緊的焦慮，但是紐約消費壓力舉世聞名，皮尤研究中心（Pew Research Center）曾定義美國一個四口之家年收入七萬美元就屬於中產階級，在紐約（尤其曼哈頓），家庭年收入恐怕要達到二十五萬美元以上才能勉強擠入所謂小康家庭的標準，雙薪家庭頓時少一份薪水，很像一個人突然截斷了一隻腳，居家防疫期間有些人還得被迫回老家投靠外州的父母，結果紐約客的四散回鄉，還被說成是把病毒加重散布到其他城市的罪魁禍首。

那段時期，就算一個人幸運地沒有染病，卻也很可能因為隨時可能收到解職信，每天都過得膽顫心驚，被裁員的機率，已和自己平日是否表現得很勤奮、很機靈，甚至很會拍馬屁而獲得上司賞識無關，也根本無涉公司體質是否健全或營運方針是否正確，一切都是說停就停，而且還因為病毒蔓延屬於「非常時期」，每個人倒楣遇上了都是先咬著牙吞忍下去。我們居住的島上，一家原本專攻亞洲客人獨門生意的中餐館，當紐約市疫情確診數率先破萬，隔天就立刻貼出一張公告，說是為了員工和顧客的健康安全，店家決定即日起暫停營業，而且沒有預定重新開張的時間表。這家中餐館有三位廚師，兩位櫃檯，兩位外送員，代表了一家原本生意興隆的小店面突然歇業，連帶會有七個家庭恐怕轉頭就要直接面對經濟上的難關。

基層勞動者首先倒大楣

我之所以很清楚知道餐廳停業不是一家、兩家的事，正因為全員居家防疫的日子，當我實在應付不來如湧泉般不斷冒出的瑣碎家務，只好打電話向過去經常光顧的飯館預定餐點，結果十之八九都透過語音信箱告知顧客他們不得已要先休息一陣子。後續連帶負面效應果不其然，自三月中旬官方正式宣布「紐約暫停命令」（New York on PAUSE），隔月，美國「國家多元文化居住委員會」（NMHC）例行公布報告，全美那時已有超過三分之一的房客無法在期限內繳納房租。二〇二〇年初病毒風暴翻上檯面前的一月和二月，美國人平均也不過五分之一的人遲繳或欠繳。

因為COVID-19造成的失業潮，當然不只疫情最嚴重的紐約受創，也不會只是餐飲業喝西北風，幾乎是全面席捲整個美國。全國失業率幾週內就呈現出一道彷彿垂直峭壁的曲線，從來沒有上千萬人需要在同一時間向政府申領失業救濟金，諷刺的是，紐約確診第一例病患出現之前，美國政府才剛號稱這國家已創下半世紀來失業率最低點的成就，一轉眼，就這樣掉入自一九四〇年來失業情況最慘的一刻。疫情愈是升溫，就業市場前景愈是黑暗，大家最後簡直是放棄治療，只求盡可能不要跌破一九三〇年代「經濟大蕭條」(The Great Depression)的失業率水準（二四．九％）。

前一刻才歌舞昇平的紐約，突然就有數以百間的餐廳、酒吧辭退了店裡服務生，就連紐約韓裔名廚張錫鎬（David Chang）這樣等級的廚師，瘟疫期間也因為資遣了旗下餐廳超過八百名員工而感到非常愧疚，遑論他人。不僅餐飲業如此，任何要和消費者近距離接觸的行業也全都同時放下了謀生工具，理髮師剪刀放下了、美容師的彩妝組放下了、復健師的操作器材也都再無用武之地，圖書館雖然很貼心地釋出三十萬冊免費書籍供人下載，這也表示平常會在館內說故事給小朋友聽的聘僱人員也不用再出現了，很多商家、機構紛紛關上大門，拉下鐵門，畫面本身就夠震懾人心，想想店裡的員工更近乎是在一夕間就蒸發的不見蹤影，便又更讓人搖頭嘆息。二〇一九年初，美國最大連鎖百貨公司梅西百貨曾進行一場大裁員，原本留下來的員工還慶幸自己保住工作，結果下一秒卻因為一場病毒危機幾乎全被放了無薪假。病毒肆虐的一刻，全美有四分之一的勞工因為缺乏遠距工作的條件而被視為是高失業危險群，這當中又以不可計數的基層勞動者率先倒大楣，簡直比AI取代人工的預言更殘酷。

若有人問我，是不是也覺得美國面對一場未知，而其實本來可以反應得更積極的疫情，一開始真的太輕忽大意，我的答案絕對是肯定的。三月初，COVID-19的確診病患已在美國零星出現，在這之前，除了中國之外，許多歐洲國家都已為之惴惴不安，其中還不乏需要提高警覺的社區感染。那時還繼續陶醉在官方宣傳，繼續標榜（抑或吹噓）著每月新增上萬工作職缺的美國人卻大有人在，而且還意有所指地想藉這些數據強調儘管病毒來襲，美國依然會是一個到處充滿機會的國度。紐約自詡為「世界之窗」，竟也完全沒有計算到這項殊榮的另一面，原來是代表著更高的病毒傳播風險。

當多數紐約人開始接受成天被關在家裡的三月，因為確診人數超過三十萬而心情跌宕到谷底的四月，再進入全美失業人口超過兩千五百萬的五月，即使平常社交網絡不甚綿密，你除了不難聽到誰誰誰又有咳嗽、發燒的症狀，另一個經常耳聞的訊息，就是哪個人又丟了工作。媒體上悲劇一樁接著一樁，包括有人豁出去寧可要錢不要命，就是要硬著頭皮外出賺取任何可能的丁點收入，這時候若記憶猶存，回想二月之前那兵來將擋、水來土淹，百業欣欣向榮，到處都是工作機會的官方漂亮成績單，才知道一巴掌「打臉」的聲響可以這麼巨大。當時的數字也許是真的，但當地官方沒有即刻穩住陣腳，讓一切創造就業的努力付諸東流也是事實。

我們居住的大樓，本來已預訂好了要進行大幅翻修的長期工程，完工示意圖都在大廳架上，給了住戶一抹關於美好未來的想像，社區管理員也開始重新規劃住戶進出動線，結果也是突然全又悄然無息。之前準備從另一棟樓移轉過來繼續下一波工程的作業員，紐約居家禁令頒布後就沒再見到他們，這段時間唯一的施作，就是管理員自己用大面的透明壓克力板把個人工作櫃檯和出入的住戶隔了起來。紐約那些靠著基層勞力技術賺取薪資的工作者，幾乎清一色全是外畜勞工，從解決公共洗衣房機器運轉，到清掃大樓內層臭氣薰天的垃圾間，到每層、每戶任何馬桶不通、電燈不亮的大小麻煩，再到清除大樓室外長廊上滿溢的鴿子大便，都是我們向櫃檯登記傳呼後，他們就要負責前往救援。

紐約碰上COVID-19病毒「暫停運轉」，這些城市裡的基層勞動者，無可諱言就是遭感染病患之外的第一線受害者。也正由於他們一個個從大眾的日常生活中消失，你才真正理解，紐約身為一座讓人欽羨的華麗都會，之所以能創造奇蹟般的存在，不全都歸功於像是摩根大通、大都會人壽、花旗銀行、高盛等那些列名全球五百大企業鉅子的天縱英明。絕頂聰明的高階白領當然是紐約不可多得的菁英人才，但沒有服務於基層的百萬螞蟻雄兵，這座城市也不可能運轉得像龍捲風一樣快。更何況，那些五百大企業的財富頂端人士，多的是在紐約最危急存亡的一刻，早飛去羅德島州的豪華度假別墅閃避風暴了。

基層勞動人口無論在任何一座城市都發揮了重要的協助運轉功能，只是承平時間未必會讓人察覺他們的關鍵性，甚而是在舉城「暫停運轉」之下，很多人才開始懷念他們以自我的勞力換得的集體便利，至於處處自我標榜卓越拔尖，物競天擇、適者生存的紐約，這回一場世紀病毒不過又讓人對其中的殘酷看得更清楚一點。

我們住家樓下的連鎖超市「FOOD TOWN」自紐約頒布居家禁令以後，仍每天照常營業，相當程度滿足了羅斯福島上絕大多數人的民生物資需求，更不斷視情況調整採購防疫動線，讓每隔一段時間就得出門補貨的居民安心不少。禁令當下，有附近居民在這間超市的外牆上貼上了一張字條，寫著「謝謝你FOOD TOWN，你們是羅斯福島的英雄」(Thank you FOOD TOWN. You are the hero of RI)。此時此刻，超市裡那幾位整天戴著口罩、手套，站在透明壓克力板後方替顧客結帳的收銀員，以「英雄」名之，當是受之無愧。

8　恐懼不都是來自死亡

▶ II

二〇二〇年二月中一場怪病，真是來的不是時候。某天一覺醒來，我突然感到有股黏膜堵塞在我鼻腔內接近喉頭的部位，起初不以為意，以為又是紐約乾燥的冬天造成季節性不適，但心裡還是覺得有些不尋常，它和以往天氣轉變時就會出現的鼻塞、流鼻水確實是不太一樣。一開始我只是額外補充水分，盡可能讓咽喉保持溼潤，可是症狀一直沒有緩解。美式生活在多數情況下，大家確實都非得等病情嚴重到沒辦法從事日常工作，或需要特別開立什麼證明，才會去醫院掛號看診，那是自我免疫力無法奏效時只好選擇的一步。因為我鼻腔出現異狀的初期，既無好轉也沒有明顯惡化，所以我頂多再試試從臺灣帶來的枇杷膏、龍角散，甚至還去藥房買了鼻腔清潔器，土法煉鋼自創「雞尾酒」療法，結果拖過了一個禮拜，我居然再也說不出話，開口每一字、每一句都變得非常吃力，而且聲音非常沙啞。

畏懼的不是病毒，而是恐慌

那段時間，美國各州已經陸陸續續出現 COVID-19 確診案例，稍早之前還大陣仗從中國武漢以專機接回當地的美國僑民；但紐約此刻還是一片靜悄悄，事後證明，COVID-19早在同一時間就潛伏在紐約這座城市的各個角落。雖然COVID-19的症狀表現包括喉嚨痛和咳嗽，而我因為只是「說不出話」，所以完全沒朝那個方向設想，朋友間的聚會也照樣進行，他們頂多因為我沙啞的聲音關懷了幾句，卻也沒有任何人警覺到要和我保持距離。可是後來愈想愈不對勁，因為那幾乎已讓我無法和人正常溝通，連使力拉高音量，用嘶啞的聲音要孩子趕快去洗澡或上床睡覺，都常讓她們以為我是在開什麼有趣的玩笑。事不宜遲，趕緊聯絡好醫生，約定了看診時間，偏偏就在準備就醫的前一刻，診所來信，表明因為COVID-19疫情爆發，所有非「急診」病患請盡可能取消掛號。

比起車禍斷手、斷腳，或是高血壓、心臟病等等引發的急症，我的問題確實不算急迫，當然也顧及病毒既然已經大肆傳播，這時還往醫院跑，不啻平白增加染病風險？很快的，孩子學校宣布停課了，再隔一週，紐約全州進入居家防疫狀態，多數人都被要求留在家工作，好減少室外人群密度，避免病毒繼續傳染散布。我們一家四口全留在家裡，要命的是，居家防疫的第一週，先是太太莫名出現低燒，接著是我也開始體溫微熱，更糟糕的是，大女兒居然也有一兩天體溫異常，儘管如此，當時醫院可以安排COVID-19

診療的對象，非得是連續高燒、狂咳不止的明顯症狀患者，否則根本輪不到你就醫求治。

整整一個星期，我和太太成天忐忑不安，因為要是稍有什麼不幸，COVID-19恐將造成的生活打擊，完全不是任何感冒可以比擬，就連曾讓我痛不欲生的流感也比不上。我們勤量體溫，溫度計不上不下的數值，不斷攪和得我們心裡七上八下，然後再分頭蒐集所有關於COVID-19症狀描述，從中一一比對我們生理上的種種變化，它和流感如何區分，表徵有什麼異同，在許多跡象若有似無間，全家經歷了一場未曾有過的煎熬。只能安慰自己縱然倒楣遇上，應該也是輕症。另一方面，我們則不只一次試著模擬假如有一人確診，接下來一家四口在兩房一廳的公寓，將如何展開隔離下的日常生活，包括四個人的睡房要怎麼重新調配，在極其有限的起居動線下，最重要的是此時此刻兩個完全幫不上什麼忙的孩子，我們要做什麼才可以徹底保護她們不受到感染。

很快的，我們發現不是只有我們一家為了彼此的身體些微異樣提心吊膽。在疫情不斷升溫，眼看確診病例在紐約州各區迅速蔓延，旋即遍及各地，而我們所居住的紐約市，居然還一轉眼就成了嚴重災區時，有愈來愈多人透過社群網路詳細陳述自己那段時間出現的大小病徵，希望尋求各方過來人的建議，大家都心神不寧地深怕一個不小心感染了COVID-19而不自知。因為當時紐約各大醫院早被病毒猛烈傳播的速度折騰得人仰馬翻，現有醫療資源完全無暇兼顧其他「疑似個案」，即使後來有了擴大篩驗的「汽車得來速檢測點」，也仍有一定條件的預約限制，不是每個心慌意亂的人都可以前去求取安心。

疫情當下，多數人其實不全是畏懼病毒可能帶來的死亡。紐約人之中，過去不乏歷經流感上身，病痛再怎麼難受，終究還是熬得過去，伴隨病毒而來的威脅，很多是在生理病痛之外。例如當下獨居的人心情或者會格外緊張，正是來自於孤伶伶的無助感，尤其外頭已執行起安全社交距離禁令，在在強化了一個人孑然一身、孤獨於世的淒涼感受。很不幸的，鄰近曼哈頓中央公園有一名五十七歲獨居男子，就在疫情邁向高峰的一刻，從居住的高級公寓跳樓身亡，雖然警方對他自殺原因沒有詳細說明，但紐約醫療單位早就提醒了病毒散布可能造成的心理壓力，以及相當程度限制人身自由的居家防疫措施，非常有可能為某些人製造額外的焦慮感和恐慌。

此外，病毒在紐約全境擴散，搞得人心惶惶的一刻，布魯克林另有一名八十六歲的老太太，因為上醫院就診時沒有注意到需要和人保持一定的距離，竟被一旁過度緊張，有精神疾病史的病患毆打致死；同一時間，更悲慘的是，亞特蘭大有一名母親在確診感染COVID-19後，因為醫院物資不足，必須在家自我隔離，某日卻突然暴斃身亡，而她四歲的孩子，是陪在母親身邊將近十六小時才被外人發現。然而種種的焦慮和不幸也不僅是發生在單親、獨居、心理異常的人身上。

家庭群聚感染難以倖免

紐約正式提高防疫規格之後，紐約州長古莫曾為了宣導COVID-19官方防疫措施，接受CNN主播克里斯多福．古莫（Christopher Cuomo）的專訪，大家都知道他們是親兄弟，只是沒想到兩兄弟在訪問接近尾聲竟意外離題。他們當著電視機前觀眾的面，為了自己媽媽比較愛誰在節目上爭寵，還把彼此年輕時遭父母「宵禁」的家務事拿出來互糗對方，這則訪問因為嚴肅又不失溫情，讓其中內容的擷取畫面在網路上廣受傳播，意外成了疫情肅殺氣氛下，一段頗為療癒人心的溫馨插曲。沒想到過沒多久，州長古莫就透過個人推特（Twitter）證實自己這位主播弟弟也感染了COVID-19。

從克里斯多福傳送給哥哥告知自己確診的訊息中，我們也再次看到當時每個人除了要時時刻刻警戒著不讓自己遭到感染，也幾乎都會預做最壞打算，尤其如果自己得到COVID-19，下一步該怎麼設法不要將它傳染給同住的家人，就像克里斯多福跟他州長哥哥說的：「……我只希望不要傳染給孩子和太太，那會比感染這病毒讓我更難受，我正在家裡地下室自我隔離中（這確實會讓家人感到開心〔美式風格的幽默〕），我會在這進行我的播報，相信終將透過明智、堅強和團結來戰勝這一切。」克里斯多福的顧慮，正因為COVID-19無疑具備了超越流感的傳染威力，一人染病，家庭群聚傳染幾乎很難避免。

克里斯多福畢竟是CNN當家主播，有著美國高階中產階級的生活條件，他至少能安然在自家住宅的地下室，設置一處個人的臨時隔離室，可以相當程度維持日常生活而又不和自己家人有密切接觸，甚至還可以在地下室搭設直播臺，利用網路視訊向民眾播報他的近況。可是儘管如此，除了幸好孩子安然無恙，他的太太卻還是躲不過遭到感染（輕症）。那就更別說絕大多數居家防疫條件遠不及克里斯多福的紐約人了。

並不是多數確診患者都能擁有和克里斯多福一樣的居家隔離空間，我們幾乎每隔兩天就會在當地新聞上，看到其實有更多住在狹小空間下的一家人正面臨著進退兩難的困局。像當時布魯克林有一華裔四口之家，爸爸首先確診感染COVID-19，不能平躺入睡，成天都是氣喘吁吁，因為他們住家環境擁擠，他的太太和妹妹也相繼被感染，只因初期被診斷為輕症，沒有一人可以住院治療，全都得繼續窩在家中。夫妻最擔心的，就是家裡才一歲半的兒子能否倖免。他們離不開家門，親友也伸不了援手，煎熬可想而知。

另一方面，天天上演生死一瞬間的紐約各醫院早已成天呼天搶地，而且眼前是不計其數躺在病床上進行CPR和插管的病人，醫護人員還得不斷面臨殘酷的抉擇，就是眼前每個患者都有生命危險，那到底要先搶救誰，又要怎麼判定每一個垂死掙扎的人誰已經無藥可救。紐約各醫院的採購人員，每天都想破頭到處找管道，只求能繼續買進N95口罩供給第一線的醫護。COVID-19讓人們下呼吸道嚴重受創，每個重症者最後都得靠呼吸器維生，結果紐約各醫院的呼吸器數量又嚴重缺乏，病床上的感染者要以「苟延殘喘」形容一點也不為過。而就算病人排上使用呼吸器，也不是復原的保證，因為一旦走到戴呼吸器維生的一步，患者最後生存下來的機率僅有二〇％。

這場病毒風暴，為紐約人，或者說應該是帶給全人類的課題，絕對不只在公共衛生一環，也不光是各國防疫應變和各地醫療資源的嚴酷總體檢，在經濟、失業和所有可見的物質損失之外，還有更多環節同時挑戰著每個人的人性。從那些令人掉淚的疫情災變故事，我們不會只看到到某個個體垂頭喪氣的樣子，關於人類恐懼的源頭，更不全都是出自於抗拒死亡。很幸運的，我們一家人幾週之後就全無症狀，雖然我們沒有機會，也不打算回溯到底各自得了什麼怪病，雖然仍是一頭霧水，但反正已能繼續好端端地正常思考，那麼可為探究的問題，或者應該是關於「紐約重病」這一課我們到底學到了什麼。

9　只剩下西語裔服務生

▶ II

所有關於紐約的旅遊書籍、雜誌或電視節目，一定不會漏掉介紹紐約琳瑯滿目的美食，在臺灣也相當受到喜愛的蛋糕店「Lady M」就是創始於紐約。當地多采多姿的異國餐飲，已成功替紐約文化增添了味覺上的五彩繽紛。當紐約因為COVID-19陷入愁雲慘霧，整個城市進入漫長的居家防疫過渡期，最先黯淡下來的卻也是這些終年高朋滿座的餐廳。因為嚴格執行「安全社交距離」，客人都不再上門，店家一一辭退外場人員，後來有些店家生意實在太過清淡，連平日不會和人接觸的廚師也被請回，鐵門就這樣一間間拉了下來。

當絕大多數餐廳都停止營業，紐約居民每家每戶的三餐選擇，很長一段時間便又退回到自己最熟悉的家鄉味，大家依照家裡儲存食材之便，吃白米飯的天天吃白米飯，烤比薩的天天烤比薩，吃墨西哥捲餅的天天吃墨西哥捲餅，煮拉麵的天天煮拉麵。「吃」這件事不再像平時那樣，可以隨時、隨意照著自己每天的心血來潮更換口味，還變成了從早到晚都得傷腦筋，且近乎了無生趣的一件事。好幾次我把冰箱門打開，望了望裡頭雜亂無章的青菜豆腐，幾盤用保鮮膜包覆的殘羹剩飯，實在變不出花樣，索性向仍提供外帶服務的餐館訂餐，不過，時局真的很困難，它們的餐點品質多半都出現了下滑現象。

至於這個階段最安全、不與人接觸的外食，還同時能省下積少成多的外送小費，當然是自己開車去麥當勞的得來速點餐。我發現非常明顯的，那時在麥當勞工作的員工，全都是西語裔服務生，距離我家最近的那間，不少還是臨陣磨槍、倉促被派上場的新手，其中幾位婦女連基本英文表達都有問題。

當然也不只麥當勞如此。不受官方居家防疫營業限制的 Target 大賣場，也都在此時換了一批新面孔的收銀員，一樣又都是以西語裔為多數。這個時候去賣場補充日常物資，除了因為「六呎社交安全距離」的限制，多少增加排隊結帳的時間，另外也會因為新手收銀員技術未臻熟練，偶爾額外冒出一些結帳問題的枝微小節，打亂了自己原本設定到賣場快進快出的節奏。但你會抱怨這些商家、賣場服務品質欠佳嗎？相信稍有同理心的人，多半會聳聳肩摸摸鼻子認了，理由很簡單，在人人自危，被病毒嚇得要死的大都會裡，要不是還有他們願意冒著風險出門上班，這座城市將豈止是「暫停」，「休克」都有可能。

維持紐約基本功能的外裔勞工

紐約的高速運轉，從來不是只有金融、影視、時尚、媒體、娛樂等等鍍金的行業全年忙碌不休，它需要比其他城市具備更龐大、更綿密的運輸、交通、零售和基層服務業去串聯起每一個必須的環節。在紐約為了防堵COVID-19繼續蔓延，進而宣布「非必要勞動人力」居家工作時，除了無法鬆懈的醫生和護士之外，用以維持一座城市基本運轉的運輸、交通、零售等各類行業也完全沒閒下來。而根據美國勞工部勞動統計局（Bureau of Labor Statistics）統計，這些行業的從業人員，就其族裔分布，正是非洲裔和西語裔的美國人占最多數。

當紐約大眾運輸，包括地鐵、公車和火車因為絕大多數人都在家工作，逐步減少每日運量，直到只剩平日的百分之二十，之後每天上下班時間，若還是出現擠滿乘客的車廂，裡頭則幾乎全都是西語裔和非洲裔的臉孔。因為工作性質，他們完全無法像白領階層那樣一夕轉為「遠距工作」，而是一定得出門才有錢賺。當然，也只有他們繼續留在工作崗位，所有紐約人才能維持一定程度的日常生活，那不光是能不能去麥當勞買份漢堡的差別而已，所有民生所需，你都得靠他們幫你結帳付款後才能帶走。居家防疫之前，曼哈頓偶爾還會有帥氣的年輕白人騎著自行車穿梭大街小巷，像風一樣地登門為顧客們遞交餐飲，當COVID-19疫情進入最險峻的一刻，所有的UBER EAT、超市或餐廳外送，幾乎清一色全成了西語裔族群的獨門生意。

美國種族（族裔）複雜程度可見一班，紐約市尤其如此，五個行政區包括曼哈頓（Manhattan）、布魯克林（Brooklyn）、史坦頓島（Staten）、皇后區（Queens）和布朗士（Bronx），總計白人（非拉丁裔）居民的人口，平均占了三成三。但細究來看，布朗士多數住著西語裔和非洲裔居民，白人只占了這裡的一成，曼哈頓的白人居民則多達五成以上。

這場病毒風暴另一幕讓人無奈的場景就是，當全美疫情自二〇二〇年開始蔓延，不到兩個月，重災區紐約死於COVID-19併發症的人數就超過一萬，如果以病逝者的居住區，死亡人數由多至寡依序則是皇后區、布魯克林、布朗士、曼哈頓和史坦頓島。前三區的死亡人數，分別是曼哈頓的兩倍以上，是史坦頓島的五倍。我們以為這是貧窮區和富人區之間的死亡差異，若再進一步瞭解，背後其實是凸顯了紐約根深蒂固的族裔結構問題。

殘酷的適者生存遊戲

COVID-19確診和死亡雙高的布朗士，就是過去我們所熟知，多數住著非洲裔美國人的哈林區，皇后區和布魯克林則以西語裔美國人最多。美國官方（四月）公布全美COVID-19死亡人數的族裔分布，以西語裔最高，有百分之三十四，其次是非洲裔的百分之二十八，白人有百分之二十七，亞裔是百分之七。如此高低比例的種族差異，在多元族群的紐約市裡情況亦復如是，也就是說，在紐約眾所周知的貧富差距之下，它雖然自信這裡至少有著多元族群平等的氣氛，但一場病毒風暴，就又清楚區隔開了族裔間的不同境遇。西語裔和非洲裔的紐約民眾，在COVID-19確診和死亡數據上，一樣都超過了白人，貧窮區的外裔居民，其慘狀更非曼哈頓、史塔登島的富有白人區可以相比。這已不是任何意外、巧合能夠說明的現象。

如果我們稍事理解紐約各族群在當地職業分工的不同，再藉由居家防疫期間，親自印證了哪些工作具備遠距工作的條件，哪些工作又是只有每天踏出門才賺得了錢，我們很容易就釐清一個脈絡，就是族裔的血緣基因，和這個病毒是不是特別會挑選他做為攻擊目標無關，而是清楚地表明了，在紐約，西語裔和非洲裔就是居家防疫期間，因人為因素，暴露在病毒感染威脅風險下最主要的一群。

當外界訝異於堂堂紐約大蘋果居然有個位在長島海灣的「大型亂葬崗」（哈特島），以為疫情嚴峻時期，用它來埋葬許多死於COVID-19之下的無名屍，是又一次反映紐約這座城市長期以來對於窮人或無家可歸流浪漢冷漠的一面，那麼，關於族裔上的COVID-19感染致死率差別，就是實實在在顯露了它愈是非常時期，就玩得愈狠的物競天擇、適者生存殘酷遊戲。

看著這些數字，不由得讓人想起童裝品牌「二分之一童裝」曾有段廣告詞說著：「如果體重只有別人的二分之一，那就要比別人穿的鮮豔兩倍；如果身高只有別人的二之一，那就要穿的比別人可愛兩倍；如果頭腦只有別人的二分之一，那就要比別人更用功兩倍。」套在紐約白人之外的族裔身上，似乎也找到了同樣的道理，如果你不是白人，就要比別人努力工作兩倍，又或者現實上是比兩倍還要超過許多，包括病毒來襲，你不是首先被裁員，就是得暴露在染病風險下硬著頭皮出門上班。

紐約政府其實也很清楚，這座城市危急存亡之秋，更少不了那些從事基層勞務的外裔勞動者，收音機成天播放政令宣傳要求民眾不要外出，卻從沒想過那些身不由己的外裔族群根本不可能停工留在家裡。因為大家都知道，城市基本維生系統，就是靠這些族裔冒著風險繼續出門提供服務，而政府至多也只是承諾會提供他們更充裕的個人防疫設備，像是口罩、面罩和手套。官方沒有唬弄，因為接下來各個超市收銀臺前方就立起了壓克力透明隔離板，藥品店的諮詢臺，還直接以大面積透明塑膠罩遮蔽，至於麥當勞得來速，也重新加裝了只能送取一份餐點大小的窗口，這就算是一座城市對非常時期仍得「冒險求生者」的最大致意。

現在進行式的種族不平等

抵達紐約的第一年夏天，孩子們興高采烈準備展開一段異國小學冒險旅程，我們也第一次體會到那個讓所有家長忙得人仰馬翻的開學季。從替孩子遞件申請就讀某間學校，到他們正式揹著書包上學之前，家長們不曉得已填寫了多少張密密麻麻的「身家調查」表。根據美國聯邦法令，紐約市教育局必須在開學期間，收集公立學校學生的種族（Race）和族裔（ethnicity）資料，並將這些問卷記錄在案。這麼做確實有助於更清楚理解一座城市的族裔組成和分布，同時也對許多社會觀察提供了有用的統計分析基礎，但另一方面，似乎又難以避免在敏感的種族問題上，給了條區分彼此的隱晦界線。

例如，美國雖然過去被形容是民族大鎔爐，百變紐約更是以多元文化著稱，住在這裡的人卻仍然可以輕易察覺不同種族、族裔對外所呈現出來的刻板差異。像是猶太人群聚的社區，多半會是住宅品質較為良善的社區（因為他們有錢、願意花錢整修社區維持房價），亞裔群聚的社區，住的品質或許其次，但必然是好學區（亞裔依舊是全美教育程度最高的族裔，而且很重視教學），拉美裔群聚的社區，上演的多半是一副自由自在，隨興自娛的畫面（也被視為秩序不佳）。若再細查各族裔和官方版紐約犯罪率分布圖的相對關係，相信任誰都難保不掉入「種族歧視」的偏見心態。

我記得當時在填寫族裔表格時，問題大致如下：

你即將入學的孩子是否為西語裔、拉美裔、或者有西班牙血統？（西語裔、拉美裔、或者西班牙血統指的是來自古巴、多明尼加、墨西哥、波多黎各、中美洲或南美洲、或其他西班牙文化或原籍的學生，無論其屬於什麼種族。）

此外，接著還有另一個問題：從下面五個種族類別中選擇一項或多項（學生的種族和族裔認同）。包括：

美洲印第安人或阿拉斯加土著：學生的原籍屬於北美洲和南美洲（包括中美洲）原住民中的任何一個群體。

亞裔：學生的原籍屬於遠東、東南亞或印度的任何一個群體，這些地區包括諸如柬埔寨、中國、印度、日本、韓國、馬來西亞、巴基斯坦、菲律賓群島、泰國和越南等國家和地區。

夏威夷原住民或其他太平洋島民：學生原籍屬於夏威夷、關島或其他太平洋島嶼。

黑人：學生原籍屬於非洲的任何黑人種族類別。

白人：學生原籍屬於歐洲、北非、或者中東。

填寫上述兩道題目，目的之一是讓教育局確定這間學校是否可以獲得政府經費補助。另外也有助美國法律規定的每十年一次人口普查，且由此更具體歸納出國家的組成背景，當然，更重要的還有各地區的選民族裔比重。又或者出於「體貼」，表格上方另有聯邦政府的說明寫著：由聯邦政府提供的這些選項可能不一定準確、完整地代表您的家人對於自身的種族和族裔認同，所以我們鼓勵您根據自己的最佳判斷來回答問題。

紐約市教育局一面在種族確認表上坦言這項調查的敏感性，一面依照憲法於表格上標注：禁止因孩童的種族、膚色、信仰、原國籍、性別、性別認同、懷孕與否、移民公民身分、殘障、性傾向、宗教或族裔而拒絕讓其入讀公立學校；但最早以來對其他種族有所歧視，也最歧視的，當然就是美國人。美國憲法修正之前，一七八七年的原始文本，甚至在人口普查一段，還特別強調印第安人不必列入人口統計，因為他們不繳稅，而黑人只能算是「五分之三個人」，直到十九世紀中，黑人人口才受到「人口必須為非零整數」規範，一個黑人就算一個人。

美國族繁不及備載的族裔統計、族群法令和種族確認表，正反映著此地種族問題仍處於現在進行式。病毒的襲擊，只是又一次直接戳中深藏其間的不平等。紐約發生瘟疫侵襲當下，一開始曾有亞裔婦女戴口罩被當成是有病的人而遭到攻擊，之後是沒戴口罩的亞裔婦女被認為會傳播病毒而遭到騷擾，似乎怎麼做都不對，進而引來這個國家朝野、媒體針對這座城市、這個國家對亞裔人士種族歧視的熱烈討論，但相對來說，眼看紐約其他特定族裔，竟然在階級、貧窮、病毒感染、確診死亡之間有著高度的連結，這座城市長期以來加諸他們身上的歧視和不平，卻未必在這場風暴中得到等量的關切。

10　中國是紐約的呼吸器嗎

▶ II

自從來到紐約，前前後後不只一位老華人會半開玩笑地跟我說，住在法拉盛，就算一句英文都不會說，一個英文單字都看不懂，也能在這裡安安穩穩過日子。那裡是除了曼哈頓唐人街之外，紐約一處華人密集做生意的大本營，街上不僅滿是代表著中國各地家鄉味的餐廳，還有很多「中國特色」的針灸診所或是復健推拿館，連雜貨店都有專賣亞洲人慣用的鍋碗瓢盆，非常具有「華人」特色，區內出租公寓的房東和房客十之八九都是中國人。

八〇年代，臺灣移民曾占法拉盛亞洲人的最多數，當時法拉盛的房地產比起其他區域相對低價，若在那時進場投資，日後必然都是大賺一筆。後來韓國人跟著蜂擁而至，臺灣人漸漸四散，或是往東移到獨棟房舍居多的長島，路上商家的特色旋即吹起一陣「韓風」，韓式美甲店於是盛極一時，今天仍有幾家大型醫美整形診所會在廣告招牌上特別標示著向「韓國藝人」看齊。

中國移民大本營

繼韓國人之後，夢想著在美國賺大錢的中國人又帶來了下一波變化。法拉盛的韓文招牌數量已經完全比不上寫著中文的各式各樣看板，這些群聚在法拉盛的中國移民，組成又比傳統唐人街多是「老廣東」的成分更多元、更五湖四海。他們還會笑稱傳統唐人街已變成觀光景點，作用之一是偶爾被拿來當成拍電影時取景的片段畫面，法拉盛才是真正有旺盛精力年輕中國人賺錢的地方，甚至還直接搶了當地UBER業者的生意，打造出一套專做「華人」獨門生意的「電召車」載客系統。另外，當地很多店家外的告示，尤其強調「我們會說普通話、粵語、上海話、福州話」，這和古早唐人街上多是粵語此起彼落有很大的不同。至於還能瞥見專屬臺灣色彩的一面，大概就剩北方大道旁的「臺灣會館」了。

必須誠實地說，我並不是很喜歡法拉盛的街景和氣氛，它幾乎就是一個中國廉價商業區的縮影和翻版，曼哈頓儘管也以紊亂著稱，大抵還洋溢著繁華都會的活潑和氣派，法拉盛似乎只願意著重它的營利氣息。不過，我偶爾也會特別跑去那裡打打牙祭，法拉盛的中式餐飲選擇相當豐富，而且味道很少走調，沒有早期美式中餐太鹹或太甜的問題，有時哪怕只是一籠熱烘烘的小籠包，還是一碗亮滋滋的菜飯，都能相當程度滿足我根深蒂固的味蕾。

只是，那一小區除了常有漆著「ＮＹＰＤ」字樣的紐約市警車巡邏執行美國律法，人來人往間的食衣住行育樂，幾乎全都是以道地的「中國化」為之，自然會讓初來乍到的中國人倍感親切，可以省略非常多生活上的不確定感，他們甚至可以用自己祖國的同一套邏輯安然度日，完全不必理會對外來移民在地化的需求，也根本不用費心融入他鄉異域的遊戲規則，這樣的人就是法拉盛式生活的代表。

直到今天，法拉盛七萬多人口，七成以上是亞裔移民，亞裔移民中又有高達百分之九十八來自中國，對一個一開始仍羞於開口用英文溝通的人來說，算是門檻很低的過渡平臺。中國人的家國觀念確實很強，曼哈頓即使有些地方被稱為小義大利區、韓國城，但那些帶有異國風的區域所表現出來的氣氛，就算再怎麼別具特色，也從來不像法拉盛這樣，會對原生國家的風俗習慣和傳統有著極其強烈的執著。回頭看看中國一些發展得有模有樣的大城市，雖然也有為數不少商區標榜小巴黎、小法國或小歐洲，卻從來不可能像紐約法拉盛一樣，會把整個異地的風貌全數挪移搬遷到自己國境之內。相較於有幾條石磚步道、幾間露天咖啡館就能稱作小巴黎，法拉盛甚至連「唐人街」三個字都不必套在身上，就比唐人街還深具中國況味。中國移民直到今天恐怕多數人還是「人在曹營心在漢」，這也說明了他們之中，一直以來很多人都沒有真正被西化，反而是法拉盛終究被他們給徹底「中國化」了。

根據聯合國統計，中國的海外累計移民人數，二〇一五年已突破一千萬人，當中尤其是以美國做為他們的目的地，這些人起心動念不一而足，又或者還有背後「曲線投資」的精明操作（取得綠卡，成為外商，回國做生意換得減稅）。總之，也正是這驚人的成長數字，讓中國政府自二〇一七年開始嚴格執行外匯管制，好防堵中國豪門的「錢」不再那麼容易外流他國，錢走不了，人自然也不方便移動，紐約從二〇〇八年之後開啟的新一波赴美移民風潮才出現降緩跡象，否則法拉盛今天的中國人人數將更為可觀。

最不受歡迎的外國人：中國房地產投資客

COVID-19翻出了紐約許多習以為常、卻在病毒肆虐時重新獲得關注的細節，城市本身如此，城市和不同族裔間的關係，也因為病毒風暴而被凸顯了出來，就像紐約和中國人之間的關係。在紐約疫情最危急、醫療資源因陡峭上升的確診數而嚴重匱乏的時候，阿里巴巴集團創始人馬雲立刻慷慨捐了一千臺呼吸器給紐約。紐約州長古莫為馬雲的義舉大表感激，對總統川普領銜的聯邦政府，則是相對多有怨言。古莫甚至直接轉向中國求援，一口氣再向他們另外訂購一萬七千臺呼吸器，雖然礙於全球各地供不應求，短時間內需求量太大，最後只有兩千五百臺呼吸器運抵紐約，古莫對中國的幫助還是讚不絕口。

暫且不論中國的「呼吸器外交」，馬雲對紐約向來也的確是情有獨鍾。二〇一五年他從阿里巴巴集團總裁退下來之前，便曾在紐約州阿第倫達克山脈（Adirondack Mountains）內的私人園地，以約兩千萬美金的價格，買下一處面積達一一三．七二平方公里的森林，他虎視眈眈進軍紐約土地開發產業，雄心壯志應該是不容置疑的。一千臺呼吸器的贈出，或者就當是某種「回饋鄉里」。

紐約先是猶太人的天下，他們掌握了紐約許多精華區的房產，威尼斯商人十分精打細算，租房子遇到猶太人，恐怕要多費神和他們周旋一番。至於信奉「有土斯有財」的中國人，早有後來居上之勢。尤其自二〇〇八年北京申辦奧運成功，舉國民族信心大增，其中部分跟著黨國共生、財富也迅速膨脹的中國商人，很快掀起了一波移民美國潮，許多中國新富，當時正是以法拉盛做為進駐紐約的第一站。然後看準了紐約房地產表現出的炒作前景，又有全球五百大企業持續在紐約招募人才，不斷刺激外來住房需求，於是這些新中國移民紛紛再以雄厚的資本大舉投資房地產、開商店、辦移民。

九一一事件發生時，一度促使原本曼哈頓唐人街的華人東移到法拉盛，讓當地華人規模很快就超越唐人街，華裔人數也僅次於布魯克林區的華人社區，但同一時間，他們一樣從未忘情曼哈頓市中心的房地產生意，不斷搶購一入夜就彷彿鑲上鑽石的曼哈頓公寓。尤其二〇〇七年到二〇一四年，美國房市泡沫化，紐約房價下跌，正好吸引中國富商利用機會把紐約當成現金避風港，大量熱錢撒向當地買樓、買房。二〇一四年，中國人便首度成為美國紐約曼哈頓公寓最大宗的外國買主。只是，這些投資客的「炒房」手段，讓紐約房價、房租很快水漲船高，即便是中產階級，也愈來愈沒辦法在市中心負擔一間像樣的公寓。例如在COVID-19衝擊房市之前，曼哈頓市中心單人套房月租金約莫十萬臺幣，東邊的長島市、羅斯福島則也僅略減一成，早有諸多中產家庭不堪負荷，生活圈為此東移至皇后區東部，亦或乾脆搬到距離市中心車程一小時以上，更為東岸的長島（Long island），好以時間（通勤）換取空間（居住）。

在曼哈頓房價拉高後，第二波進場的中國投資客，又再轉而進攻法拉盛，二〇〇八年到二〇一七年這十年間是中國新移民湧入的高峰，他們的「壯舉」之一，就是持續刺激法拉盛商家間激烈的競爭，致使大家利潤下降，偏偏這裡的店面租金卻年年至少上漲百分之三到百分之五，紐約生存本已不易，房價和房租一炒高，利潤一變薄，法拉盛小商家營生愈加如履薄冰。二〇二〇年COVID-19的狂襲，導致當地商鋪一一歇業，房產投資客就算有所損失，更苦的卻是必須承租店面做生意的店家們。

錢進來、人進來，法拉盛房價為之飆高，路上車水馬龍，街頭五花八門、各行各業招牌林立，每天都像年貨大街，生活上的實用性早將曼哈頓唐人街取而代之。只不過，和炒作房地產相應而生的，就是出生當地的年輕人，從此和擁有自己房子的夢想距離也愈來愈遠，且住房支出不斷墊高，壓縮其他開銷，生活品質大不如前，這也是為什麼中國房地產投資客會成為很多城市「最不受歡迎的外國人」。事實上，連中國人（規規矩矩上班賺錢，不炒房過日子的）也對「同胞」的炒作房地產之舉相當反感。

最愛買美國房產的外國人

法拉盛房價升了，租金高了，生活品質卻下降，於是一票華裔居民再移到皇后區東邊的灣區（Bayside）。結果，幾年來因學區、生活質量俱佳的灣區，房價也跟著大幅上揚。那些中國投資客也許一次現款出手就可以買下一整棟房子，如今一個紐約在地的中產階級，卻可能得背負房貸三十年才能完全擁有自己的家。

經過一年多的紐約生活，我終於恍然大悟，當初在我準備打包飛往紐約長住，開始為接下來安身住所勤做功課時，怎麼有那麼大的比例，負責介紹紐約當地房產的仲介都是中國人臉孔，而且很多廣告明顯的目標對象，就是住在中國的消費者。他們強調一間公寓的機能和舒適指標，根本不是為了迎合洋人的需要，至於他們所推銷的市中心，又或者即使是鄰近市區的物件，幾乎全是我們一家負擔不起的豪華公寓。我自認不是他們的客層，很快就摸摸鼻子另謀出路。根據不動產研究機構RCA（Real Capital Analytics）的專業房產報告，曼哈頓自二〇〇五年到二〇一四年的房價走勢，十年間就整整上漲了百分之四十，在那段時間，無論是匯出資金或直接移民投資房地產的中國人，我看他們豈止賺翻，根本是削爆了。他們砸在曼哈頓房地產的資金每年都翻倍成長，甚至一年內就可以達到三十八億美金這樣龐大的金額。紐約房產開發商當然非常樂意主動飛去中國兜售手上燙金的建案，只要成功和幾個大戶順利成交，就足夠讓他們賺得盆滿缽滿。

二〇一五年，中國人首次躍升為美國最大海外購房的族群，曼哈頓就貢獻了不少，以往的加州再也不是一枝獨秀，事實上，中國人也一併超越了美國獨棟房舍傳統最大客戶加拿大人。不過，大部分中國投資客都是把房子買下來後，就立刻轉租，不見得都是為了自我滿足美式生活而來，但他們之中又有不少人會把子女送來這裡當小留學生，每隔一段時間再飛來紐約打理房子，順便看看小孩。

一場COVID-19風暴，像是把整個紐約捲入一個不知道何時才會真正雨過天晴的龍捲風裡，這絕對是當地人半世紀來遇上最慘痛的「一疫」。當中國武漢封城，川普宣布全面禁止曾去過中國的非美國籍人士入境，已讓紐約很多房仲商原本和中國客戶洽簽好的不動產買賣告吹，緊接著，輪到紐約遭病毒狂襲，又再打亂了很多中國買家的投資計畫。中國人之於紐約人，或許也不光是法拉盛一隅所表現出來的兩相生活模式對照，也不是馬雲那一千臺呼吸器可以概括說明，更不是時報廣場上一面面屏幕都變成中國大外宣的看板就能彰顯的帝國較勁。比起抱著失落國度遺憾的猶太人，歷經幾世紀來已從血到骨到肉深深地鑽進這顆「大蘋果」，同時交融並蛻變彼此，中國人一直是以依仗背後強大祖國臂膀的方式，和紐約人勾肩搭背一起行走著，兩者在紐約好像同居一地，但其實各自對生命和生存的想望，卻又如此不同。

紐澤西州的羅格斯大學（Rutgers University）在COVID-19重擊美國的時候，其校內實驗室也很積極希望能提供研究上的病毒應對方法，這所學校醫學與傳染疾病學教授布雷瑟（Dr. Martin Blaser）曾透過《GQ》雜誌影音平臺，錄影答覆Twitter網友針對疫情的種種提問。其中一段他說：「就已知的檢測，美國全部COVID-19的病毒株，無疑都與原始中國的病毒株有關。」這位教授的用意，和「究責」沒有關係，只是我們從中國武漢病毒到紐約COVID-19大爆發，確實又再次讓人看到紐約和中國綿密交流中那一條清晰的連動線，兩者早就走到全方位密不可分的地步，只是福禍不定罷了。

11　中共也喜歡自由的紐約

當紐約把病毒全境擴散的災難片搬到現實中上演時，我相信它在媒體上呈現出來的樣子，絕對嚇壞了很多人。我和太太開始收到許多來自臺灣親友發送的關心訊息，他們紛紛透過email、臉書和Line，詢問我們食物夠不夠，出門有沒有戴口罩，回家有沒有勤洗手，或者積極地傳授我們在臺灣已經耳熟能詳的防疫常識。在他們熱心的問候中，很清楚凸顯了臺灣在面對這起未知的病毒時，真的具備比較高的警覺性。相較起來，紐約初期確實是非常輕忽，尤其之後當地疫情益發嚴峻，很長一段時間讓所有人都樂觀不起來。

首先是確診人數不斷飆升，然後是各醫院不斷發出醫療資源即將消耗殆盡的警訊，再來是呼吸器不足，而就算患者戴上了呼吸器維生，最後活下來的機率也相當低。醫療系統超載的下場，就是死亡人數一直增加，流感歷經超過半年的流行，造成紐約十三萬人感染，有九名兒童死亡，COVID-19只用短短一個月，就一舉超越流感的感染數，死亡數字更是流感的數百倍以上。當紐約官方公布有七千多名紐約人死於COVID-19時，這波疫情甚至還沒有達到高峰，要說每個人都以為天要塌下來了也不為過，卻萬萬沒想到實際死亡數字還要再增加一位數。殘酷的現實，讓所有人都為它感到沮喪，臺灣親友替我們感到憂心，大家一點也沒有反應過度，因為我們和很多紐約人一樣，都曾預先設想過如果遇上了最壞的狀況，一家人應該怎麼度過難關。

紐約人為了自保，共同參與了很長一段時間的「封閉社交」，同時間出現大量的失業，導致很多家庭一覺醒來就陷入措手不及的困境。另一方面，紐約醫護人員天天在第一線冒著生命危險搶救病患，同時極其灰心地不斷看著眼前COVID-19感染者一個個死去。一間醫院一天內就送出幾十具屍體，一週內就有上百人死在同一張病床上，可以理解在這種壓力下，一個人若精神被逼近崩潰也是情有可原。接著，陸續有紐約醫生、護士透過個人社群網路，或者藉由媒體採訪，把自己親臨人間地獄的慘況如泣如訴表達出來，聞者無不動容，他們或許比任何人都需要一個宣洩情緒的窗口。

但即使紐約全城陷入危機，整個社會從生命、健康、醫療、工作到經濟每個層面都遭到嚴重打擊，很多人也不認為這位頑強的巨人將就此倒了下來，也的確沒有一個地方是像當年九一一被攻擊的那兩棟雙子星大樓，真的出現了瞬間崩垮。

瘟疫下的美國夢

紐約疫情帶來天翻地覆的改變，不容否認確實讓這座世界級都會糗大了，還幾度被拿來和病毒最早出現的中國武漢相比，或者有人以兩者的對照，想證明集權國家的應對，果然比民主自由的社會來得即時且有效。只是當疫情漸趨平穩，那些當紐約陷入危急一刻，對它避之唯恐不及的中國人，其實很快又再打包行李，再次返回完成自己未盡的紐約夢。這場病毒當然不會是美國和中國之間意識形態交戰的終局，至於紐約雖然遭到病毒摧殘得狼狽不堪，重建之道的答案，應該不至於有人會腦袋不清到以為會是在武漢。

美國仍是中國學生最嚮往出國留學的國家。儘管貿易戰期間，中國教育部曾強調自二〇一〇年以來，因為中國本身經濟實力增強，大舉留住了本國學生，才讓赴美學生人數減緩。但實際上，中國留美學生人數減少的主要原因，是川普上臺後對中國留學生簽證發放緊縮。這一緊縮，讓中國在科技領域的專業博士生和研究生大受影響，真正損及的，是主觀上仍希望前往美國深造的中國留學生，而非美國大學國際學生的「員額」。

我所居住的羅斯福島南邊盡頭，有座康乃爾大學另外在此興建的創新科技園區（Cornell Tech），園區裡亞洲學生幾乎都來自中國。也許他們內心對祖國仍有絕對的忠誠，但每年春夏之交的畢業季，你總能在校園餐廳裡，看見一桌又一桌的中國學生認真討論要怎麼在紐約找工作，好讓自己繼續留在當地。他們互相交換訊息，商量著怎麼延長簽證期限，或乾脆怎麼拿到一張綠卡好一勞永逸。愛國心和個人人生追求很清楚就是兩回事，中國當然是他們人之常情的情感依歸，但誰都知道唯有在美式生活之中，才能更進一步滿足這些留學生對所謂成功人生的定義。

中美之間呈現在官方層次的互動，有矛盾，有合作，也有競爭，對中國移民和留學生來說，面對美國恐怕也有複雜的心理，他們既驕傲於中國的國力發展正直逼美國，但對個人生活上的滿足和嚮往，又往往以美式風格為基準。經由一場COVID-19疫情風暴，那些選擇在紐約實踐夢想的中國年輕人，會怎麼從紐約的視角，重新看待自己家鄉的未來，沒有人知道。唯一可以確信的是，中國官方在這個對中國極權作風最具包容力的城市，繼續使勁利用它的程度只會愈大，它絕對只會更加善用對中國政府相當友善的政治陣營，繼續透過為數不少選擇靠攏中國官方立場的大學教授替其說項，讓友善中國立場鮮明的多個民間智庫繼續幫中國發聲，然後加強力度操控那些掛羊頭賣狗肉的紐約華僑組織，以替他們擺平「官方不便出手的事」，從而在紐約左派媒體面前繼續扮演著慈祥溫和的東方巨人。

中國從來就不在乎自我宣傳的內容，是不是和自己海外僑民的實際認知呈現著兩條平行線。老一輩的中國移民，如果本身並不具有強烈的政治意識，他們多半又更專注於享受美式的自由自在，很多人心理上早打算一輩子以美國為家，並且繼續把所有資源，全都用在讓自己子女重頭到腳接受完整的美式教育。遭COVID-19襲擊的紐約，也許讓這些人嚇出一身冷汗，但額頭的汗擦乾了，美國對他們的意義將一如既往。

中共對美的知識統戰

一路回推中美之間的較勁，將時序拉到二戰剛結束的一刻，為了防止共產黨滲透從事間諜活動，美國國會曾特別立法禁止共產黨員和親共者申請加入美國籍。只不過直到一九五二年正式通過立法時，已是美國紅色恐慌麥卡錫主義的末期，因而這套法律往後實際執行多是採取寬鬆認定，而且常有豁免規範。尤其隨著蘇聯解體，加上幾個指標共產國家弱化，過去半世紀以來，其實已經少有在美國的中國人被套用於這條法律上。

紐約向來是最願意接受，或說是最欣然接受社會主義的大本營，「左派分子」唯有在美國這一自由色彩鮮明的大都會可以是個不怎麼負面的標籤。真的要直到中國舉著「大國崛起」旗號，積極向外輸出中國特色的新式共產主義，原本以為事不關己的紐約學界、政界人士，似乎才稍微警覺到事有蹊蹺。紐約之外，美國其他地方早有人把防止共諜滲透長期備而不發的老法律，翻箱倒櫃拿出來使用。二〇一六年，美國FBI便曾以「移民詐欺」罪名，逮捕了來自中國的移民Lu Lin（化名），理由是他曾在一九八七到一九九七年間替中共公安部工作，是個必然的共產黨員，他的任務之一是協助中國官方在香港蒐集情報，但他在二〇〇八年申請歸化美國公民時，竟刻意隱匿這些經歷。

所謂「移民詐欺」，指的就是他違反美國《移民與國籍法》中的「共產黨員不能移民美國」。當年同一時間另有幾起類似案例，遭FBI鎖定的共產黨人全都是中國人。美國這項法令主要是針對共產意識形態，並不明確為了任何特定國家量身訂造，立法之初，目標對象或者指的是蘇聯。到了今天，已沒有人會否認中國就是共產黨的最大陣營。

具有共產黨員身分的中國移民，未必全都帶有倡議共產主義的任務，在幾回嚴格執行移民詐欺後，美國政界很清楚知道真正會發生大問題的是在別的地方。二〇一八年隸屬美國國會的「美中經濟與安全審查委員會」（U.S.-China Economic and Security Review Commission）在年度報告即提出：「中共正利用它海外統戰組織，資助美國知名智庫，由此宣傳中共的統戰意識形態。」也就是說，中共滲透的主要核心，早就不靠那些戰力有限的散兵游勇。當時這份報告清楚地指名道姓，列出了在美工作的中共海外統戰組織，其中之一就是前香港特首董建華卸任後創立的「中美交流基金會」。幾年下來，這個基金會以直接對多個美國智庫出錢贊助的方式進行實質影響，包括重量級的約翰霍普金斯大學高等國際研究學院（SAIS）、布魯金斯研究院（The Brookings Institution）、戰略暨國際研究中心（CSIS）和北大西洋理事會（NAC），都是他們交涉的重點目標。凡此種種，更勝零散共產黨員入籍美國，或有或無地潛伏在基層領域，那是直接把錢塞到重量級機構和人士的口袋，再從他們口中產出一種屬於美國「高階知識分子」對中國的正面評價。

美國過去的「反共移民法」經常是抓了小魚放大魚，任憑中共藉由大肆贊助美國學界、智庫持續豐收收網，COVID-19當下，中共在美國揚威防疫的宣傳工作，明眼人多少看出了其中裡應外合的味道。美國之所以會逐步修正過去對「禁止共產黨者擁有美國國籍」的消極執法，原因不言而喻，當你發現紐約各大主要房產、公司行號，不僅有愈來愈高中資占比，所有者且都和中共黨國體系具有盤根錯節的關係，美國人能再平心靜氣沒有反應？

包括「美中經濟與安全審查委員會」在內，美國政界對中國在自己家門吸收華人、華僑組織，以建立中共「統一戰線」這些事也都瞭然於胸，但除了提出示警，在強調開放、多元、自由、人權等等立國精神下，卻使美國官方和民間皆無由進一步提出明確的反制措施，深怕被冠上「反華版本的紅色恐慌」帽子，處處動輒得咎，這點顧慮，在號稱美國最多元開放的紐約身上，表現得又至為明顯。

布建華文媒體滲透美國輿論

對美國而言，今天來自中國的威脅已完全不同於過去蘇聯，正是因為美國和中國的經濟有其一體化特性，其中所指的不僅是美中貿易戰的檯面上角力，這回紐約為了

COVID-19造成醫院呼吸器嚴重缺乏，不就必須大舉向中國採購求援。同樣的，存在高度用藥習慣的美國社會，卻有百分之八十五的製藥來自他國，其中又以中國為重要提供者。這讓雙方在科技和智慧財產權的交手之外，美國人民的生命健康安危，至少有一定程度是握在中國手上，這對一個以強者自居的國家來說，其實並不光采。

但當川普政府似乎有意回頭援用早年的冷戰手段，很快就遭到國內自由派、中國交流派的大肆抨擊和反對，紐約政界尤其一直扮演川普在這個議題上的擋土牆。當美國朝野正為「中美新冷戰」的是非對錯爭論不休，中國則早已繞個彎在紐約各地積極布建。和贊助智庫同一套路的，是中共另對紐約特定華文媒體的資助，也就是早已被揭露的中國大外宣戰略之一，已經開始發揮效用。尤其在這波疫情重創紐約之際，中共一面利用美國智庫影響美國人的思維用詞，另一手則是掌控特定的華文媒體，積極主導在美華人的語彙，讓所有華媒不再使用「武漢肺炎」的名稱，只是其中一例而已。

至於在美覆蓋率達第二位的中文電視臺鳳凰衛視，其中百分之十的股份就是由中國中央電視臺CCTV持有。每每重要時刻，必定配合中共的指令操作輿論，彷彿中共「海外中央臺」。這也是為什麼當美國為了COVID-19焦頭爛額，川普卻會在白宮疫情記者會上，氣極敗壞地和鳳凰衛視的女記者有一番唇槍舌戰。原本是受訪對象的川普，不耐這名女記者意有所指的提問，進而以總統之尊反問她，「妳為誰工作？中國（共）嗎？」紐約自由派人士當然免不了對自己總統不知新聞自由而給予一陣痛罵，但當這名女記者在現場不斷辯稱自己不是為中共做事時，同樣也讓她得到了不亞於川普的嘲諷。

另外，除了以控股方式掌握華文電視臺，中共甚至是以全資方式買下紐約當地的華文報紙，如紐約《僑報》就是直接受控中共。在香港反送中運動期間，《僑報》編輯筆下，聲援反送中的港人全是暴民。主要在美華人社區發行的傳統中文報《星島日報》，雖是香港人所創，但自八〇年代財務不穩，由中共出資擺脫危機，於是也就成了一家不折不扣在海外替中共喉舌的報紙，報老闆何國柱且是中共多屆全國政協委員。相對「美中經濟與安全審查委員會」對美國智庫受中資操縱的示警，美國非盈利機構詹姆斯通基金會（Jamestown Foundation）則是對在美華文媒體被中共掌控提出警告，強調的便是：「中共對美國輿論市場滲透的深遠程度，包括華裔美國人聚居的所有美國大城市都無倖免，所有這些城市，都是中共政府利用錯誤資訊和宣傳（進行誤導）的對象。」今天在紐約，我們已不難從那些和中共口徑一致的華文媒體、智庫聽到以下這些論調，例如在中國問題上，他們會說：我們不應該試圖改變中國，沒有國家有資格改變其他國家；在新疆問題上，他們會說：中國有它們自己的反恐考慮；在香港問題上，他們會說：所有香港年輕人訴諸暴力活動都應該要被制止；對中國如何干預臺灣選舉，他們總是視而不見；談及中國社會現況，永遠不觸碰人權議題，也不講網路監控，只說中國網路科技蓬勃發展的一面。

從美國法律反「共產黨員移民」，到美國國會揭露親中智庫的背後資金，再到非營利基金會指名華文媒體「姓黨」，美國對中國在美國社會搞什麼把戲其實都知道，拿不拿得出有效方法面對它，又是另一回事。誰說民主國家就是自由靈活的，誰說共產極權國家就一定保守僵化，在滲透和反滲透之間，誰是僵化，誰才靈活，答案已呼之欲出。而今，一場病毒風暴，旁人又再次見識到中共的靈活，未必是用在防堵病毒傳播，紐約僵化的一面，同樣也不是表現在防疫不利之上。中國留學生都想要留在紐約工作，這是事實，對中共龐大的黨組織來說，他們其實更愛紐約，一個可以任由他們在地豢養「土共」的自由之境，一直以來，只有紐約經常不畏人言，願為共產黨的意識形態和國力行銷，提供一個極度自由，又具備強大包容力的絕佳表現舞臺。中共可能討厭死美國人了，但一定是非常喜歡那令他們感到自由自在又無拘無束的紐約。

12　州長是英雄還是狗熊

來到紐約後，家中客廳的電視很少早上開啟，也許偶爾為了哄騙小女兒，會允許她看個幾十分鐘晨間卡通做為交換條件，好讓我能順利在幼稚園家長簽到時間內，把她拎進教室。多數時間，每天大清早我們一家都是在兵荒馬亂下，匆匆結束早餐就各自分頭展開新的一天。自從兩個女兒學校開始停課，一早打開電視變成了例行公事，但已和安撫小女兒的情緒無關，因為紐約州長古莫每天上午都會舉行COVID-19疫情說明會。病毒變化一日數變，不只我們，紐約幾乎家家戶戶都會盯著政府防疫工作的最新進展。包括紐約市北邊社區的率先封鎖，國民兵的進駐，呼籲保持社交安全距離，以及連續三天調升居家工作勞動者的百分比。州長古莫每次發言，都牽動著上千萬紐約人。他和同僚在記者會上的座位愈隔愈開，代表疫情愈來愈險峻，孩子從我觀看電視的嚴肅神情，很清楚那不是她們可以一如往常任性吵著要看卡通的時候。

疫情之前的州長古莫

今天之前，古莫雖然身為美國經濟前三強的地方首長，但表現平平，沒能擠進問鼎二〇二〇美國總統寶座的民主黨內排序名單。二〇一一年贏得執政以來，他的民調滿意度始終差強人意，也許個人談吐風趣有餘，可是行事溫文儒雅近乎予人柔弱觀感的施政風格，便很難獲得傳統美國人的喜愛。尤其若把他和狂人川普相較，古莫在氣勢總是矮了一截。不過也拜紐約不愧是傳統上左派色彩濃厚的地區，古莫以他歷來在同性婚姻、氣候變遷、槍枝管制、醫療補助和提高富人稅等等範疇的顯著左翼表現，仍讓自己在紐約選民間擁有一定的民意基礎，一些社會主義國家的招牌項目，諸如延長帶薪假、提高最低工資、同工同酬，也是古莫得以標榜的為政特色。

只是，紐約儘管處處顯露出它並不拘泥於美國的傳統價值，舉凡政經、影視、娛樂、金融、時尚都表現出相當前衛的一面，但如果要繼續保持和各州相較之下的經濟優勢，紐約州不可能完全走上左翼政府的樣態。在這點上，古莫其實也是有所妥協的。

事因起於我第一年抵達紐約（二〇一八年）的十一月，當時美國電商巨擘Amazon公開宣布，打算把第二總部設在紐約皇后區的長島市（Long Island City），這項計畫，對任何州政府都會是一頓豪華投資大餐，最保守估計，它將為整個紐約額外帶來兩萬多個工作機會。在Amazon之前，長島市西北方，屬於曼哈頓區的羅斯福島，也就是我最後落角紐約的住所，先前則是被康乃爾大學相中，校方有意把整座島都買下來，在那裡打造一座史無前例的島嶼大學城。

兩項消息前後傳出，很快地都成了當地房地產市場議論的焦點。可以想見，除了人口移入，創造新的區域經濟之外，緊接著必定就是關於房價上漲的預期。當然，以長島市和羅斯福島兩地已然居高不下的房價和租金，再上升個幾個百分點，恐怕我就得被迫再搬一次家，這種隨著新興開發計畫，擠壓走支應不了昂貴住屋條件的居民，歷來在紐約實在是再稀鬆平常不過的事。假使真如 Amazon 所願，過去十五年間投入長島市的開發商和炒房投資客，將是最大的受益者。

幸好康乃爾大學的「攻島計畫」因為涉及層面過廣，影響太大，於焉暫時遭到擱置。但 Amazon 另設總部的消息曝光，並進入實際布署的那個階段，整體氣氛簡直是木已成舟。古莫尤其是從頭到尾都對 Amazon 大表歡迎的重量級政壇人士（紐約市長的歡迎態度更不用說了），因為 Amazon 一落腳，將進一步強化紐約的經濟地位，何樂而不為。長島市雖然沿著東河的一面，早有好幾棟豪華公寓建成，和曼哈頓市中心也有座直接相連的大橋，另有公共運輸船可以直達華爾街，卻總讓人覺得「開發」不甚完全，生活機能還是差了一截，人流也不夠興旺，區內仍有為數不少老舊矮樓建築，以其地利之便，確實很有重新開發的潛力，既能緊鄰核心都會，又毋須真的和曼哈頓現有的高樓大廈擠在一塊，算是天時地利，附近商家早就磨刀霍霍，希望之後能因此更加生意興隆。

結果，Amazon最大的阻力，就是來自和古莫同黨的年輕女眾議員亞歷珊德利亞·歐加修—柯提士（Alexandria Ocasio-Cortez）。她是二〇一八年美國期中選舉最耀眼的一顆全國明星，順利當選紐約州眾議員時才剛滿二十九歲，包括古莫在內一票民主黨人，都因為支持她，不惜捨棄和柯提士同選區的民主黨老議員。結果柯提士一當選，向選民送交出的第一份戰果，就是擋下Amazon的紐約第二總部案，讓古莫相當難堪。最重要的是，本案告吹，不僅原本予人寄望甚深的工作機會沒了，對紐約州最大的損失，就是隨之而來的鉅額稅收和周邊預估將大舉活絡的經濟活動，也一夕成為泡影。Amazon不攖新興議員柯提士之鋒，絕意不再和難搞的紐約客周旋，轉而另尋他處落腳，後來古莫還公開強調自己曾多次打電話給Amazon高層，希望他們能回心轉意，但結果還是無疾而終。

成為疫情下需要的領導者

就這點上，古莫的政治交際手腕恐怕並不算十分高明，這也是他無法突出於美國政壇的原因之一。他的左翼政治意識形態和強調人權及平等的價值觀，或許受到紐約人的讚許，但紐約畢竟是個臥虎藏龍的複雜江湖，為政每天都是硬碰硬的挑戰，沒有實質的施政成效，很難成為一個真正受到景仰的政治領袖。直到二〇二〇年COVID-19疫情風暴發生，他的行情竟突然間翻轉，儘管紐約州是全美感染最嚴重、確診和死亡人數同時都是最高的一區，古莫卻也因為別具一格的領導統御，被稱作是最能安撫人心的地方首長。明明美國五十州都因為COVID-19陷入一片愁雲慘霧，各州州長同樣每天追著疫情發展跑，並且全都親上火線擔任防疫指揮官，直接面對電視鏡頭報告實況，大家那段時間卻唯獨只在討論古莫。

雖然有「戰時領袖」（防疫如同作戰）必然會得到高支持度的說法，古莫之所以從一個不那麼受到肯定的政治人物，突然獲致各方讚許，恐怕也不只是和災變之下民眾希求穩健的領導有關。古莫平時「溫溫吞吞」的特質，就這樣剛巧特別適用於民心動亂的當下。承平時期的美國，最受推崇的英雄，多是那種主導性很強，又經常不拘泥形式和繁文縟節的政治人物，最好還帶點霸氣，甚至略為剛愎自用也無妨，不過，一旦關乎的不是創造金錢財富，而是最為人驚懼的生命安危，社會大眾對領導者特質的需求，可能又是另外一回事。在每天追著古莫記者會的這段時間，我所觀察到的這位州長，確實和其他地方首長表現不盡相同，更和疫情已然火燒屁股，卻仍在展現個人男子氣慨的美國總統川普很不一樣。

每回古莫登場，我當然也注意他所擅長的感性言詞，例如，他自始至終反對「武漢式」的封城，除了顧及經濟活動的嚴重打擊，更重要的是所有紐約人在最沮喪的一刻，還能藉由基本的人身活動自由，保護人性上和外界連結的基本心理需要。或者，當有媒體報導英國恐怕打算祭出「群體免疫」(herd immunity)的極端防疫政策，要讓六成國人受感染而後產生抗體，以此斷絕感染，古莫也是第一個表明紐約絕不會跟進的人。他的說法直指了多數家庭的顧忌，也就是如果這樣做，很多年長的人會最先受到傷害，重視家庭的美國人，多數不會贊成走上這一步。不僅如此，古莫還特別以自己母親的名字命名一項稱之為《瑪蒂爾達法》(*Matilda's Law*)的保護令，要州政府特別在防疫期間關照七十歲以上的老人。我確實頗慶幸紐約只是「暫停」，不是「全戶封鎖」，光是一定程度的隔絕社交，我們家社區每天晚上就有一票人要到陽臺上敲敲打打宣洩情緒，強度再高一點的隔離，悲劇一定不只在COVID-19確診的人身上發生。為政者具有重視每一個生命的價值觀，在每個人幾乎都處於生命安危風險之下的日子裡，多數人會願意支持他，甚至稱讚他，也是理所當然的事。

善用量化的美式風格

但除此之外，古莫「敘事風格」的另一項特色，其實也不那麼「非典型美國人」，又或者說，那也是另一種形式的美式風格。每次記者會上，你可以說古莫有天生的表演才華，而他所舉出的詳細數據，條理分明的敘事，簡單明瞭的行動方案，也都一併透過電視傳送到每個民眾眼裡。他的記者會，至少我看到的，對疫情的發展，和任何需要普羅大眾理解的政策措施，都有清晰且量化的圖表說明，不會只是他個人主觀情感的變化。例如在宣布紐約勞動人口居家工作的前後，第一天古莫秀出了一個斗大百分之五十的數字（半數非必要職業勞動人口居家工作），民眾大致就能感覺到時局的輕重，第二天數字立刻再換上百分之七十五（非必要勞動人口百分之七十五在家工作），直接反映出當下大家受到的病毒威脅指數，再隔天，百分之百非必要職業勞動者居家上班命令一出，很多紐約人的第一念頭除了「完了」，其實還有「非常感謝州長在非常時期的霹靂手段」。

在美式邏輯中，盡可能將眼前世界的每一環節予以量化，很多時候要比直接的感情言說更具備渲染效果。也許有時會因為這種特質讓美國在很多面向顯得太過冰冷，少了歐洲那股洋溢著重視歷史或美學的人文溫度，反正一切就是面積、體積和造價的數字堆疊。但話說回來，高度運用數字去具體化任何可見的現象，正是有助日後製作運算資料，解釋事件前因後果，並用來說服人的最好方式。我相信，很多紐約人一邊肯定古莫對疫情陳述兼具溫情和冷靜的同時，恐怕一時忘了古莫原來只是將美國最核心的進步論做了適時的發揮。當然，那段時間聯邦和各州政府也不是全無數據的漫天防疫，只是剛巧古莫溫和的個性，讓他得以更平和的方式，把關於疫情的數字表達得更加順耳而已。

數字的另一個魔力，就是它能把顯然失控的情況，變得好像已在掌控之中，這也說明了紐約病毒確診數字雖然像陡峭岩壁般的直線上升，但當古莫說明病例翻倍的程度，已從每三天倍增，延長至每四點五日倍增，到每六天倍增，也許實際情況紐約州還是全美最嚴重的一區，病毒傳播的逼壓程度依舊相當駭人，但任何人聽到古莫這麼一說，應該都會稍微得到安慰，相信快悶壞的「居家防疫」隔離，很快就會雨過天晴，縱使不斷聽聞持續飆升的確診和死亡人數，以及不斷告急即將用罄的醫院呼吸器，卻也不那麼全然只有恐慌和焦慮的情緒。雖然自那之後，到下一個好消息，也就是疫情終於看似步入平臺期，已是居家防疫兩個月後的事。

古莫說話條理分明，確實頗能穩定人心，紐約人似乎也因此對他防疫前期魄力不足，而後決斷拖泥帶水的作風給予了極大的包容。在紐約近十年的執政，古莫雖然自詡為成功地把紐約州打造為全美進步主義色彩最濃厚的一州，在民眾支持反饋不盡人意之下，一場疫情風暴，才讓他再以最古典的美式量化論，重新獲得掌聲。

只是，紐約州疫情愈是嚴峻，古莫的支持度卻愈是往上爬，這其中當然也有紐約特殊政治生態造成的弔詭。病毒風暴來襲之時，對十之八九都有外裔背景的紐約人來說，顯然更易於把失控的狀況，歸咎於一直以來老愛發表「排外言論」的川普，並願意給向來對外裔族群較具同理心的古莫多一點寬待，這便讓古莫一開始未能積極防備於先的嚴重失策，看似全都一筆勾銷，包括州政府防疫機制確實啟動太慢，眼看每日確診、死亡人數不斷增加，古莫竟還有閒情逸致展示由口罩製成的裝置藝術，以及對加速病毒檢測根本一籌莫展等等。從這面向看來，紐約客永遠只往前看的特性，以及特殊成因的政治偏好，確實也算拉了古莫一把。

13　死於民主還是死於專制

▶ II

四月初的紐約已有春天的氣息，羅斯福島上的櫻花會在這個時候全面盛開，疫情風暴前一年，島上花團錦簇的櫻花祭，光一個週末，就吸引了上萬遊客前往一睹風采，狹長的小島人群萬頭攢動，看上去生氣蓬勃，但因為交通打結，地鐵站、纜車站和船運碼頭都被擠爆了，嚴重影響島上交通日常出入，居民幾乎都視這段時間為一年一度的夢魘，有人氣呼呼發起連署，希望官方不要再對外宣傳賞櫻嘉年華，官方未置可否。結果隔年疫情肆虐，不僅人人居家防疫，外出還必須保持安全社交距離，自然不再有過去人滿為患的景況。

居家令的家庭實況

櫻花綻放之初，四月天的紐約偶爾會先出現雷雨交加的天候，甚至路上狂風橫掃，政府必要時還得透過手機簡訊發布警報。只是病毒侵襲當下，好幾回我從家中探頭往窗外看，只見風雨雷電下令人愈覺冷清的街道，仍有不少騎著電動腳踏車外送餐點的服務生淋著雨賣命穿梭在島上。這種時節，還要出門工作當然很辛苦，但還能保有工作，卻是非常值得慶幸的事。

紐約居家防疫措施，在防堵病毒繼續散播上雖然有其必要，但它的副作用和衝擊十分驚人。光是紐約市因此造成的失業人數，自三月疫情爆發後，一個月內就多增加了五十多萬（四月），當時近百分之十的失業率幾乎倍增於過去同期（沒想到再一個月後，紐約市失業率就一舉突破百分之二十）。全美更不用說了，上千萬人同時申請失業救濟金，商業活動大規模停擺，此時若有機會保住飯碗，應該都會風雨無阻義無反顧踏出家門。至於轉而居家工作的人，很快就發現到不用「出門」上班，原來並不是件輕鬆的事，尤其時間拉長，封閉的社交，很容易讓人生活作息大亂，工作品質和效率反而大打折扣。想像中每天早晨起床，喝杯咖啡，慵懶地吃著早餐，然後身穿輕鬆的居家服，悠悠哉哉開啟電腦展開一整天無拘無束、沒有老闆盯著你的居家工作時光，到頭來根本是空歡喜一場，尤其家中有正值學齡期間卻停課在家的孩子，一家人最常出現的畫面，其實是在生活章法失序下，彼此蓬頭垢面、狼狽不堪。

我和太太雖然沒有跟著捲入病毒造成的失業潮，也不必冒著病毒感染風險外出工作，但兩個孩子的線上教學模式，沒多久就遇上乏味的撞牆期，她們的情緒明顯受到了影響，身心都得不到兒童常態下的發展，動態和靜態的活動內容比重嚴重失衡，每天兩個孩子都會問個幾句「外面的病毒到底走了沒有」。當居家防疫好不容易熬過一個月，我相信絕大多數家庭都巴不得能早日回復往常的生活狀態，只是礙於染病風險一天不除，說穿了也沒有一個人真願意在那時候出門工作，心裡就這樣卡在進退為難之間，再坐看「數饅頭的日子」饅頭愈數愈多。當時紐約州長古莫提出所謂的「紐約暫停」，僅只限縮一定程度勞動者的行動，很重要的原因就是要避免「全境封城」之下高度限制人身自由，恐怕會對一個人造成未知的心靈傷害。COVID-19致死率不低，因病毒衍生造成的社會問題，最棘手的還有因為與世隔離氣氛製造出來的絕望，另外紐約金融、經濟和高度運轉的商業活動頓然急煞，傷及的也不只是經濟，尤其還加重了很多人的憂鬱心理，衝擊之大已不是任何人所能輕易承受，單是部分的機能休止，這座城市就已經哀鴻遍野了。

一國多制的美國

政治層面，在經濟表現跌盪到谷底之後，也陸續出現盡速復工的呼求，這又和希望「事緩則圓」一派兩相對立。美國總統川普領銜的聯邦政府，眼見失業率暴增，各項經濟指標無不出現斷崖式下滑，下屆總統大選投票日迫在眉睫，這時交出一張灰頭土臉的成績單，就算把它全部歸責於「病毒」，對任何執政者的選情來說也一定不是好事。那麼，川普應該是當時所有美國政治人物中，最希望盡快重啟經濟的一人，只是，儘管他是權力最大的政治領袖，在美國聯邦、州的分權制度下，很多事情並不是總統說了算。包括紐約州長古莫在內，他在重新回到日常軌道的步驟上，就和心急如焚的川普不盡相同。而早在疫情爆發之初，川普和古莫這一中央、一地方的主事者，便屢有勃谿，不僅是彼此分屬共和黨、民主黨的黨派意識之別，更多是來自中央和地方的權限劃分，讓兩人彷彿跳著拙劣的探戈舞步，互踩對方的腳。川普曾不假辭色指責紐約州初期防堵疫情不利，才會造成紐約災情慘重，古莫則也不甘示弱，回應川普說自己在防止病毒散布上，早就做了很多原本該是總統要做的事。

實際情況，又豈止是聯邦和州之間各有立場，古莫和同黨的紐約市長白思豪，也未必就能完美並肩作戰。例如白思豪在家長團體和學校老師相繼施壓下，才急急忙忙宣布轄內公立學校全面停課，被批評防疫手段有失先機，為了扳回顏面，他立刻暗示紐約市將採行「封城」的極端手段，還照著西岸的舊金山有樣學樣，也提出「居家庇護」（Shelter in place）一詞，結果立刻被有更高決定權的州長古莫打了回票，婉轉要白思豪不要撈過界了，然後古莫再把個人認為用字過於強烈，且和現況操作不盡吻合的「居家庇護」，改以「紐約暫停」（New York on PAUSE）的新創詞彙取而代之。一個月後，當白思豪又率先公開表示為了遏制病毒傳播，紐約市公立學校當期學年剩餘時間將繼續停課，一切入學安排將等到下學期再開始，州長古莫不到幾小時，就又出面強調學校停課停到什麼時候，他才有決定權，還酸了白思豪並沒有真正掌握狀況，拐個彎罵他說決定學校停課到什麼時候都是用猜的。

聯邦制的特色

美國一國兩制，甚至一國多制的憲政設計，其實每日每夜都存在美國這片偌大土地的常人生活細節。二〇一八年我初抵紐約，就遇上了中央、地方遊戲規則換軌不順的經驗。最明顯的就是關於駕照的使用，像是疫情爆發前年的一月，美國明尼蘇達州公共安全廳和臺灣交通部正式簽署駕照互惠協議，終於同意雙方民眾互訪，可在免除汽車路考下，直接申請換發當地駕照（但需通過筆試），那是全美五十個州中，第三十一個和臺灣簽下駕照互惠協議的州政府。

免試換照，對前往美國求學、工作或定居的臺灣人來說，確實能省去不少麻煩。偏偏經貿中心紐約州並不在「禮遇」之列，而且當地駕照考取不易，不少寓居紐約的臺灣人得複試多次，支付相當的學習和考照費用才能如願在紐約州開車上路。而且州有州法，美國五十個州的各州法律只適用於該州居民，因而臺灣人在其他三十一州免試取得的駕照，在紐約州也不適用。

這是大家所熟悉的美國聯邦制和一元化政府的差異所在，其體制並不讓人陌生，但遇到實際生活問題，大概就可發現到在有些方面真的不甚方便。至於聯邦制的另一個特色，即座落在華盛頓哥倫比亞特區的聯邦政府一旦頒布法律，皆適用於任何生活在美國境內的人，聯邦政府另外具有解決兩州或多州爭議，和解決不同州公民之間爭端的司法權，當然，聯邦政府和州政府之間，有時可能也會有平行或重疊的利益與需求。在駕照問題上，美國各州獨立行使法律，使得前往美國的臺灣人，有些人得到方便，有些人則不盡然如此。

而在二〇一五年之前，包括臺灣駐美人員也僅得尋常人的駕車待遇。回溯一九七九年中美斷交，中華民國駐美各館處的車牌隨即一律被改為普通車牌，唯有當時的喬治亞州和伊利諾州州議會曾先後立法，准予臺灣駐亞特蘭大和芝加哥辦事處人員的車牌上寫有「外國政府」的標記。但美國國務院卻直接介入，要求當地臺灣外交人員必須交還「外國政府」車牌。最後聯邦和州政府妥協，在這兩州，臺灣外交人員用車車牌不使用「外國政府」字樣，但可以「外國機構或外國組織」做為特別標示。

直到二〇一五年農曆新年過後，臺灣駐美代表處才傳回喜訊，自中華民國和美國斷交三十六年來，臺美「特權、免稅暨豁免協定」再次有了新進展，從此臺灣駐美外交人員用車，所用車牌全部改由美國國務院核發，字頭區則新增E類，樣式與各國駐美外交官相同，也就是說，臺灣外派駐美人員今天無論派往美國的哪一州，都能享有一體適用的駕照特權（還包括免稅）。美國的車輛牌照一般是由各州發給，款色各異，但是各國駐美外交官的車牌都是由國務院「外交使節團辦公室」統一核發，款式劃一，與各州

上圖　病毒蔓延當下，仍繼續營業的超市裡，以非洲裔和西語裔的收銀員最多。（李濠仲攝）
下圖　紐約居家防疫禁令一出，全城多是外裔族群還在外拋頭露臉工作。（李濠仲攝）

上圖　紐約許多商家關門暫停營業，圖為布魯克林區。（李濠仲攝）
下圖　紐約的失業率飆高到二二％，比經濟大蕭條與九一一還嚴重。圖為排隊申請失業救濟金的人。（莊士杰攝）

上圖　「為什麼中國人有錢就想移民？」這個問題中國人問了自己三十年。（李濠仲攝）

下圖　對中共龐大的黨組織來說，他們其實更愛紐約，一個可以任由他們在地豢養「土共」的自由之境。圖為挺共僑民舉布條抗議總統蔡英文二〇一九年訪問紐約。（李濠仲攝）

上圖　二〇〇一年九一一事件崩塌的世貿中心，以新面貌重新出現在紐約的天際線，這座城市終將發揮在崩塌中重建的本事。上方為二〇一八年，下方為二〇〇八年，其時世貿中心還未重建完成。（莊士杰攝）

下圖　九一一遺址成為商場（莊士杰攝）

上圖　九一一曾經重創紐約，讓紐約的天空崩塌了一次，疫情又崩塌了第二次，紐約會從此不一樣嗎？圖為重建後的世貿中心。（莊士杰攝）

下圖　九一一受難者紀念水池，四周刻上罹難者的名字。（莊士杰攝）

上圖　五十年前的石牆事件，開啟了同志平權運動，展現紐約多元包容的精神。圖為石牆酒吧二〇一九年紀念五十週年活動。（莊士杰攝）

左圖　馬丁路德・金恩博士一九六三年八月二十八日在華盛頓特區遊行發表的著名演講「我有一個夢」，對黑人民權運動起了定錨作用。而六〇年代的紐約，是民權運動發展的重要之地。

「自由女神」的象徵和意喻，因為紐約獨特的城市氣息而跟著昇華擴大。（李濠仲攝）

每年春天羅斯福島的櫻花，是許多紐約人賞花的去處，然而二〇二〇年大家只能「留在家」，不知明年是否世界已走過艱險之路，一樣擁有這樣的春天？（李濠仲攝）

民間使用車牌不同，臺灣能有這樣的待遇，自然被視為臺美外交上的一大突破。

聯邦制下，既然國務院都給予臺灣外交人員外交車牌禮遇，同時負責免試核發駕照，即使紐約州未給予臺灣人免試換照優惠，仍得無條件許可臺灣外交人員（及其眷屬）持國務院核發的駕照在紐約州使用。因為這就是聯邦制的遊戲規則之一。我之後皮夾裡的那張美國駕照就是這麼來的，但有一回我不慎違反了交通規則，被紐約市交通警察攔下，警察要求我出示駕照，卻因為駕照的核發單位是「美國國務院」而非「紐約州政府」，他當下立刻把我的駕照退回，說他從來沒看過「這種卡片」，所以我不能在紐約開車。這當然是錯誤的認知，經我幾經說明，他才抱著姑且一試的態度，慢條斯理回到自己車內透過電腦連線向分局查詢，一查就是半個多小時，因為居然是繞了一大圈，最後才終於得到國務院的確認，他們也才相信我除了違反交通規則之外，並沒有偽造文書詐騙之嫌，開了罰單後便將我放行。這其實也說明了國家決議超越各州利益，聯邦政府則在州之上，紐約州當然要接受我所使用的駕照。

不一致是民主常態

但問題在誰可以約制「聯邦政府」？顯而易見，「憲法」才是這個國家真正的權威所在，「聯邦政府」也得依照憲法號令行事。至於憲法權威的基礎，則來自於美國憲法反映了人民的意願，也就是說，「人民的意願」賦予了美國憲法真實的意義。那麼，藉由這套遊戲規則處理的國政問題，當然不只在病毒風暴期間誰聽誰的，也不會簡化到只是換駕照會不會讓誰變得更方便或更不方便，在憲法反映「人民的意願」前提之下，川普和古莫，又或者古莫和白思豪之間為了防疫政策出現的不一致，甚至有些較勁意味，即是民主國家的常態，也正因為這樣的機制，不也才讓美國就算疫情失控，卻不見得會讓美國人，尤其是疫情重災區的紐約人，因此就對自己投票選出來的政府失去信任。

古莫和川普的權力是不對稱的，但這個國家卻仍有必要的制衡，川普不能壓著古莫要他言聽計從，紐約州不就一直走在自己的防疫之路上。白思豪雖然僅是個市長，卻也是具備民意基礎的民選首長，古莫不理會他，也不能不理會市長背後的民意。民主法治國家儘管在非常時期，也要兼顧很多環節，否則會讓人擔心稍有不慎恐在別處傷及國本。大家邊走邊修正戰術很多是情非得已，走過凌亂的防疫初期，美國全國終究還是整合歸位同一陣地，也確實說明了民主未必缺乏效率，但畢竟病毒蔓延變化太快，民眾從生活上原本「一定程度的不便」一路走向「超級不便」，在耐不住性子下，當然會回過頭要求官方行動能更有實質效果，以加快彼此回到原本的生活軌道。

但即使疫情嚴重到讓整個國家傷筋挫骨，這個國家至少沒有因為專制、黑箱和政治運作機制的不可預測性，額外製造出其他後遺症或更糟糕的「暴力防疫」，官民之間也沒有疑神疑鬼，成天猜忌著病毒背後是不是還有隱瞞未知的事實，這應該是在即便遇到人心惶惶的災變，一個國家仍不失穩定人心的最基本保障。

時至今日，當這個國家還是有一大群人慣性地不問世事，寧可遠避政壇跌宕，那麼，是什麼確保這一大票人能不被「政治冷感」反噬，不讓強而有力的聯邦政府變成大獨裁政府？民主？有可能，因為有有選舉和法定任期，至少節制了即便是「錯誤選擇」的年限。一個國家有憲法不足奇，重點在那套憲法可以在這個國家被實踐到什麼程度。在美國，奧斯卡影后梅莉．史翠普可以公開反川普，美國著名饒舌歌手肯伊．威斯特（Kanye West）也可以公開支持川普，他們從不會因為個人政治信仰而失去工作，美國人早已習慣聽不同的企業家發表他們對於政治議題不同的意見，比爾．蓋茲傾向民主黨眾所皆知，美國連鎖餐飲企業執行長安德魯．帕茲德（Andrew Puzder）則曾特別出書力捧川普，立場有別，共同的交集是他們的企業都不因老闆的政治立場受到波及，比爾．蓋茲和帕茲德兩人對美國皆是貢獻良多。

無論國家怎麼發展，每個時期總有人會跳出來質問：你要自由還是只要安全？對美國人來說，民主確保了自由，自由帶來個人真正的安全，人若有選擇，當然會希望安全和自由兩者都要，美國的例子，說的就是人類就算智慧有限，這也不是辦不到的事。對我來說，紐約在這場疫情風暴中，政府防疫措施若真有什麼撼動人心之處，聯邦政府派遣醫療艦進港支援紐約的一刻或許算吧，但如果一個人能深刻體會到死於民主和死於專制的差異，我相信無論如何都會毫不遲疑選擇眼前的美式風格。

14　紐約會從此不一樣嗎

紐約市政府官方網站內有一幅各區犯罪率比較圖，包括五大區分別的犯罪件數和犯罪形式，每月都會更新統計，這對初來乍到的人相當受用，因為住在這裡，除了考慮生活機能、交通方便，周遭的安全性更可能決定你日後如何回憶這座城市。

顯而易見，包括經貿中心曼哈頓本島，以及愈靠近曼哈頓的區域，犯罪率就愈高，愈遠離市中心，犯罪率就愈低（尤其暴力犯罪更少）。至於懸浮曼哈頓東側的羅斯福島則是其中的「異數」，它和曼哈頓島只隔一條東河，當地住戶不用望遠鏡，就可清楚眺望對岸的曼哈頓市容，兩邊往來有地鐵、纜車和交通船，我們抵達紐約前的二〇一八年，島上平均每月、每千人的犯罪數還不到千分之零點七，屬於最淺層犯罪色塊，也就是治安最優良的一區。不過時至今日，就算是長期以來被認定常有人身安全顧慮的曼哈頓下城以及上城哈林區，或是九〇年代治安惡名昭彰的布魯克林，本世紀以來紐約的犯罪率也不見得再那麼嚇人。八百多萬人口的大都會，人種各異，文化多元，龍蛇混雜，有眼前這般治安環境，任何人都該額手稱慶。

尤其回溯一九八〇年代的紐約，那個治安情況每況愈下的「爛蘋果」年代，你必然會對它今天的蛻變嘖嘖稱奇。稍加詢問曾在那段時間造訪紐約者，十之八九都有光天化日下被偷、被搶的經驗。那是個黑手黨、集團犯罪十分猖獗的時期，幫派逕自畫地稱王，毒品買賣幾乎是公開交易，時報廣場到處都是黑道把持的妓院和脫衣舞酒吧，槍枝氾濫、謀殺頻傳，金融重鎮華爾街一入夜，沒有人膽敢在那裡出沒，地鐵內外還有滿布憤世嫉俗的塗鴉，一度成了扒手、強盜的溫床。

電影《暴力年代》（*A Most Violent Year*）講述的就是一九七〇年代末到一九八〇年代初紐約犯罪率最高且最黑暗的故事。二〇一八年剛搬到紐約，我置身的已然是個被稱為「安全有餘卻個性不足」的新紐約，路人不用再小心翼翼提防臨時起意的搶劫，開車到大賣場採買，完事也不用再東西一放上車就馬上鎖上車門，宵小入侵的案件也大為減少；但這座大城市還是有頗為惱人的地方。

隨時處在預警狀態的紐約

身為一名對很多事情還沒搞清楚遊戲規則的生手，初期紐約有兩種聲音特別困擾我。一是每次只要進到曼哈頓市中心，我都會被它幾乎全天候的警、消、救護車尖銳的嗚笛聲轟炸到頭暈目眩，那根本不是正常人應該時時刻刻忍受的高分貝噪音。另一是就算待在家裡（剛開始住在皇后區東邊的灣區），我的手機會經常接收到官方發布的土石流警訊，無預警的嗡嗡大響，好幾次把我從椅子上嚇得跳起來。起初，因為頻頻收到發自手機的土石流警訊，便使人不得不對自己接下來的命運感到不安，更何況剛到紐約一切還沒進入狀況，我們一家尚待安頓的節骨眼，就遇到紐約州宣布境內十四個郡縣進入洪水緊急狀態。

至於紐約之所以對「水災」如此忌諱，主因不脫當地基礎建設老舊，百年前開張的地鐵設計用於今天的世界，確實存在不少缺陷（地鐵很容易淹水），很多電力設施完全沒有防水系統，等等因素無不加大了水患對它的威脅，如何「治水」也確實曾為紐約政府的首要之務，在理解紐約過去的水災歷史之前，我一度以為進入曼哈頓市中心隧道口的兩扇防洪巨門太過小題大作。

不只對水患心有餘悸，二〇〇一年九一一事件重創了紐約，人民驚恐的程度，比起二〇二〇年 COVID-19 疫情風暴更有過之而無不及，紐約各地醫院同樣都像熱鍋上的螞蟻，雙子星大樓瞬間崩塌，傷亡尤其慘重；但也因為那次恐怖攻擊的經驗，讓這座金權之都就此大幅度升高全城的危機係數標準，如今曼哈頓成天鳴奏不休的消防、救護警笛聲，某種程度反映的就是這座城市不得不有的高警覺性。至於三天兩頭（主要在大雨特報期間）的土石流訊息通知，雖然對我來說，很多時候像是最後什麼災情也沒發生的「狼來了」恐嚇，卻同樣透露了紐約長年以來的潛在高風險。

天災地變的應變指南

紐約因為地勢低窪，而且由多個島嶼組成，當地人形容它是一座被水包圍的城市，有歷史上的前因後果。二〇一二年桑迪颶風橫掃美國東岸，當時東部十七個州有十個和這次COVID-19病毒侵襲一樣，也宣布進入緊急狀態。紐約首當其衝，風災事小，但伴隨而來的水患，很快就癱瘓了整個紐約市，不僅造成大眾運輸停擺，很多居民還得忍受外頭淹水，家裡停水的困境，堂堂世界之都瞬間變得狼狽不堪，連紐約證券交易所都為此關閉了兩天。當時紐約皇后學院一名地質學教授曾經警告，以後無論任何時候颶風只要登陸紐約，紐約都會難逃一劫。

於是，一旦著手細數紐約曾經有過的天災和人禍，我們就會從原本關於紐約的浪漫幻想中被拉回現實，不再以為這裡每條街都如第五大道一樣風光時尚，或者都像百老匯般天天歌舞昇平，或是以為每個角落都可以像時報廣場那樣被稱為「世界的十字路口」。它是一座「水災之都」，因為鄰近大西洋，受到海岸暴風和漲潮洪水影響相當大，當暴風雨水量從海洋撲向沿岸地區，幾乎每次都會帶來洪水之災。加以二十一世紀以來極端氣候效應增加，二〇〇七年之前，紐約夏季平均總降雨量是三百零五毫米，二〇〇七年卻突然暴增到五百二十四毫米。二〇一二年桑迪風災造成的損害，更證實了美國氣象學家的警告。爾後，他們更是直接把紐約五百年一遇的水災，大幅縮限到未來三十年內，每五年就會發生一次重量級水患。二〇〇四年上映，以紐約為背景的災難片《明天過後》（*The Day After Tomorrow*），或許因為劇情所需，過分誇大了自然環境的反撲，紐約人看了倒是心有戚戚焉。

若說多難興邦，那麼以此形容紐約其實並不為過。在屢屢遭逢水災打擊之後，如今防患水災幾乎已是當地居民（尤其是低窪帶）的常識。官方透過手機簡訊發送的也不只是洪水警訊，舉凡大雨、強風特報，都會在必要時節提醒居民應當有所準備。

身處新的環境，我確實需要比一些老紐約客更具備危機意識，我曾花了相當的時間，藉由政府公布的資訊，實際操演一旦發生嚴重水災的時候該如何應變，像是收到水災預警當下，切記要先把每一張保險單據、汽車的權證和家用設備等交易收據資料保存在「防水容器」中，這當然是為了有助事後申請理賠。另外還得準備急救隨身包，為了確定急救包內需要準備什麼東西，我還書面請教了紐約緊急管理網。水災發生期間另外必須具備的一般常識，還有不要在被積水淹沒的街道上行走或駕駛車輛，因為僅十五公分深的水流就可以把人沖倒，三十到六十公分的水流則可以沖走一整部車輛。而且積水也可能受到了汙染，所以千萬不要接觸汙水；水災之後，要立即和保險代理人聯繫，對財產損害情況進行拍照，保存好更換物品或者維修物品的收據。說真的，剛搬到紐約的前期，因為我居住在有五百戶被官方列為淹水高機率地帶（機率達到五〇％）的灣區，所以我一直認為往後幾年這些將是最可能派上用場的防災常識。

總之，所有天災地變可能遭遇的疑難雜症，這座城市多有常態性的應變教育。雨季期間，半個月內，一個人可以收到來自四面八方關於天候異象的警訊（洪水、暴雨、閃電）不知凡幾，如今曼哈頓市區救護車、消防車頻繁的出勤，絕對堪稱世界前幾名，這有它曾經歷經九一一的前車之鑑，還有被歷年天災水患刺激出來的警覺，只是沒想到，我或許躲過了水災和恐攻，卻遇上這座城市有史以來最大的病毒威脅，在世紀瘟疫之下，到頭來最迫切所需的，完全不是我已籌備多時的防水計畫。

病毒是紐約的新歷史節點

紐約州因為COVID-19肆虐，染病人數創下全美最高，而且死亡率遠高於同時間正持續蔓延的流感疫情，終究不得不祭出相當程度的居民行動禁令。當紐約進入第一天「暫停」狀態時，我特別拿著相機，開車駛入曼哈頓市區，以盡可能擷取它百年來未曾有過的冷清模樣。紐約曼哈頓的多采多姿毋庸置疑，絕對是讓人目眩神迷的夢幻都會，刺激你瞳孔的卻不只是當下超大型看板上炫麗的七彩霓虹，這裡連個「街角」，幾乎都可以說出故事。像是奧黛麗．赫本在經典之作《第凡內早餐》（*Breakfast at Tiffany's*）裡的一幕，取景就是在第五大道和五十七街的路口，那間Tiffany珠寶店到現在仍屹立不搖；當年震驚臺灣的「刺蔣案」，事發地點則在第五大道和五十九街交會處的廣場飯店前。

紐約遭病毒襲擊的一刻，我對眼前的景象，直接對應的是威爾・史密斯那部科幻災難片《我是傳奇》。它講的是因為癌症基因病毒造成大規模感染，進而引爆世界末日，拍攝地點正好就是在紐約，一場紐約市居民為之疏散的片段，劇組曾在布魯克林大橋連續拍攝了六天六夜才告完成，然而因COVID-19發布的「居家防疫」禁令，才一個晚上就讓布魯克林大橋隔天空無一人。

今天的曼哈頓島風華絕代，它曾經有過的荷蘭基因，經過幾代人溢流以及不同統治者的來回洗刷，使它徹底從世界各大城市中脫穎而出。當年對其「經濟殖民」的西印度公司應該想都想不到百年後紐約的精采面貌，它就是能同時集結最庸俗、奢華的權、錢結構，又不乏最前衛、最觸動人心的音樂和藝術美學。紐約熙來攘往，彼此的背景、血緣、種族、文化極致多元異質，車水馬龍間，每個人幾乎都只為了要往前衝，他們似乎永遠只對「下一步」感興趣。每個時期都可以是正在創造新歷史的節點，紐約客似乎相信就是這個特質讓他們大舉超前其他城市。

問題是，誰也沒有想到在它看似最堅不可摧的時候，面對一場未知的病毒，表現竟然可以如此荒腔走板。紐約第一個因為嚴重社區感染而遭封鎖的地區，還是歷經數代在紐約獨占鰲頭的猶太人社區（新羅謝爾市／New Rochelle）。紐約曼哈頓金慾橫流，背後更多的是政商權力彼此盤根錯節，其中最能左右全局的就是紐約猶太人。紐約是美籍猶太人的大本營，人數超過上百萬，在外來群聚團體中，猶太人對當地的影響，比起中國、韓國移民更具歷史意義，同時也更顯著、更能影響政治層峰。位在曼哈頓西四十七街的鑽石區，有超過四千家珠寶商和批發商，那裡幾乎都是猶太人的天下，他們對美國社會影響之鉅，已是人盡皆知，他們能夠滲入美國政治核心領域，不僅建立在團結的選票上，還可以隨時拿出大筆政治獻金左右政局，但堪稱紐約第一強悍且最團結的族裔如斯，也一樣抵抗不了無色無味的病毒。

紐約州長古莫說，這回紐約的疫情風暴，無論如何將帶來重大變革，不僅紐約，整個美國或者都將因此出現新的思維方式。即便順利重啟經濟，百工百業重新回到軌道上，但接下來這裡會是一個什麼樣的新生活型態，並不是一時三刻就能說清楚的問題。是像水災警報一樣，每到汛期就透過手機頻密地向每個民眾發出警告？還是在九一一之後，高度密集地讓消防車、救護車來往穿梭出勤？紐約另有成功打擊犯罪，大幅降低犯罪率的光榮篇章，經濟遠征而來的荷蘭人在曼哈頓西側留下了一條綿長的阿姆斯特丹大道，猶太人的創造和發明，大舉滲入了紐約客從早晨起床到夜半入睡（紐約人最愛的星巴克、梅西百貨、COSTCO，甚至古根漢博物館，全是猶太老闆或猶太人經營的）。那些人、那些事，好的壞的，都曾在不同時間點，以不同的方式鍛造了紐約，同樣的，我相信COVID-19也必然會是永遠烙印在這座城市的深痕印記。

15　一座絕世的舞臺

紐約居家防疫期間，我沒辦法再借用島上康乃爾創新科技園區（Cornell Tech）裡的咖啡廳工作，這對我來說也算稍有損失，我指的不是它速度快又免費開放的無線網路，也不是比其他地方略為便宜的咖啡。前紐約市長彭博（Michael Bloomberg）是這座園區的推手，他當初一席話——「潛在的大企業創始人往往在大學時代就有創業夢想」，頗得紐約人共鳴。Cornell Tech無疑就是一座夢想的發源地，我的損失當然不在於沒地方讓我發想創業，而是遇上居家防疫非常時期，便不能再藉由園區咖啡廳裡絕佳的地理位置遠眺曼哈頓，偶爾抽離繁瑣雜亂的現實生活，靜靜端看眼前這座城市迷人之處，揣想它如何匯聚全世界各地的能量，將自己打造成今天彷若變形金剛的超級合體戰士。

從魔都蛻變出的多元精神

Cornell Tech對岸就是聯合國總部，在我身邊日常來來去去的，則有在聯合國任職的瑞士籍統計員，有在紐約Google工作的西班牙年輕工程師，有越南國家電視臺的記者，有來自阿爾及利亞的服裝設計師，還有來自日本、中國、韓國公司的外派人員……

他們也都是Cornell Tech園區咖啡廳的常客，我們彼此完全是不同類型的人，唯一的交集是孩子都在學校裡的同一個班級。至於那間島上唯一的小學，每年例行舉辦的多元文化節活動也確實不枉費它「多元文化」之名，學生原籍國分布全球五大洲的三十多個國家，節慶特色簡直就是多國美食特展。

相較於作家白先勇在六〇年代造訪紐約時看到的情景，我所見識到的紐約應該已經截然不同。他對當時紐約的一段描述是：「紐約在我心中漸漸退隱成一個遙遠的『魔都』，城門仍舊敞開，在接納許多魚貫而入的飄蕩靈魂。」這樣的感觸，或許有部分原因是來自當時紐約進入產業升級，導致了種種副作用（如失業率上升），進而讓紐約市民飽受經濟問題所困，尤其誘發了高犯罪率，一座城市於是為此陷入了迷茫和混亂。那個時候的它或許真像個「魔都」，庶民生活的苦境令人憤怒、絕望，抑或走向虛無。

不過，紐約一向的特色，就是在看似無盡無邊的黑暗中，必然會有某個角落閃爍著光明，而且，還有機會反過來增長擴大到取代黑暗，即使是如「魔都」般的六〇年代，它也能將這項特長發揮得淋漓盡致，種族平等、女性主義、環保以及和平反戰意識形態，都是在同一時期於紐約風起雲湧，尤其馬丁路德·金恩博士那席對平權主義起了定錨作用的「我有一個夢」演講，亦是在六〇年代的「魔都」被發揚光大。

一九六九年同志平權濫觴的石牆騷亂，原本只是一群社會運動者帶頭高舉同性戀解放旗幟，最後竟一路感召更多局外人，成了促使美國民族蛻變的劃時代里程碑。疫情風暴前一年（二〇一九），紐約公共圖書館即為石牆騷亂五十週年舉辦了為期數月的盛大紀念展，當下它展示的其實已不僅是「同志平權」而已，更一併擴及遍布成某種紐約獨有的多元包容精神。

五十年後，當我信步曼哈頓中央公園，流連上城、中城、下城，擠搭忙碌嘈雜的地鐵，和人種各異的居民、旅人共同享受或忍受著這座城市的光鮮和無奈，此地毋庸置疑，族群融合已不僅是句宣傳口號或社會運動，而是確實發生在一座城市的日常，自半世紀後的今天，反思當初那些對金恩博士嚴厲的批評，又是多麼無謂。

巨大包容力迸發的能量

事實可證，今天一旦親至紐約，任何旅人都不會再以為它是一座「魔都」，它今天所散發的活力和創意，我相信已沖淡了曾經有過的迷茫，也許因為功利主義、強者為王的遊戲規則，仍讓人對它又愛又恨，但不容否認，它就是有本事向著全世界毫無顧忌地敞開大門，歡迎所有人來此闖蕩。當年川普那句「讓美國再次偉大」的競選口號，或許鼓舞了不少美國人，但紐約人早有更大的豪情壯志，要讓自己成為「世界的紐約」，他們對紐約人的理解，甚而還超出了「美國人」的範圍。深埋在紐約客之間的心態，說不定以為一座城市哪怕是「無政府狀態」也無妨，畢竟過去紐約發展茁壯，很重要的動力來源，靠的就是每一個人共同營造出的競爭行為公約數，政府公權力推助，排序還在其次。這種強調個人主義的集體意識，確實使「紐約客」披上了一層孤高冷酷，又帶點市儈的外衣。十七世紀英國哲學家哈靈頓（James Harrington）就曾宣稱，在一個富裕社會中，正是大多數人的「（對彼此和政治）漠不關心」，才得以有一個冷靜、健康的社會氣候。那麼，從這個角度看二〇二〇年的疫情風暴，在紐約人眼裡，那些由政府出面採取高壓介入的防疫手段，造成全民草木皆兵的景象，某種程度恐怕真的被他們視之為「落伍」的表徵。更何況對紐約客而言，一直以來，他們不就始終更傾向削弱政府主控城市發展的力道，好讓來自世界各地的人們都能照著自己擅長的絕活，在此地無拘無束自由發揮。

回頭看當年紐約市格林威治村石牆酒吧騷亂，原本在官方定性下，那自然是一場群眾暴力示威衝突，最後卻被社會集體認定為美國史上反抗政府迫害弱勢的顯著實例，一個看似製造騷亂的負面教材，終究反轉成為同性戀解放運動的英雄徽章。格林威治村一直以來多是作家、藝術家的集散地，有濃郁的自由氛圍，同時瀰漫著反叛氣息，理所當然提供了一個能讓同性戀者自我發聲的據點，石牆騷亂就是紐約同性戀者長期受到壓迫下的激進反彈，而它的催化劑之一，正是一九六〇年代，因種族問題而受到壓迫的黑人，一一為追求民權勇敢地奮起。

電影《幸福綠皮書》（*Green Book*）裡的故事，就是刻劃那個時期「黑人同性戀」在美國南方各州受盡歧視，但至少能在紐約稍微得到公平待遇的真實故事改編。看過電影的人，多會從片中敘事得到關於人性和社會歧視的反思，並慶幸當年保守的美國，竟有紐約這一異數開風氣之先，引領整個國家走向新的境地。一九六〇年代末期，包括黑人民權運動、反戰、反主流文化的推波助瀾，成為石牆酒吧騷亂的催化劑，經此一役，紐約市的同志很快就凝聚在一起，還影響了其他因性別、種族、階級和世代受壓抑的個人和群體，它以同志抗爭為起始，德澤擴及的則是紐約進步的人權觀。

根據今天的紐約法令，在紐約，你可以替個人自由選擇至少三十一種性別身分。包括男、女、性別改造（gender bender）、雙靈（two spirit）、第三性（third sex）、雌雄同體（androgynous）、資優性別（gender gifted）和泛性別（pangender）等等，看似光怪陸離、離經叛道，卻也印證了一座擁有巨大包容力的城市，將會同步在各方面迸發驚人的能量。從金融、政治、藝術、建築、飲食、文化到科學，誰能否認這顆「大蘋果」在全球獨領風騷的魅力。

紐約的「黑人」和「同性戀」問題，毋庸置疑對當代爭取自由的思想論證，有進一步奠基作用。歷來它在人權領域的社會改革新方，也早就跳脫純粹種族或性別的爭執，終究還是觸及了人類社會中關於自由、平等以及反歧視的更高境界。半世紀過去，美國已有過具黑人血統的總統，同性戀者也已獲准在紐約結婚，歷經種族平等和爭取同婚的慘痛見習期，當時反黑人民權和反同性婚姻者的「末日預言」，今天竟然無一在紐約示現。

成為世人夢想的發源地

正如同上百年來守候在曼哈頓南邊外島的「自由女神」，它的象徵和意喻，不也因為紐約獨特的城市氣息而跟著昇華擴大，除了必然是吸金（睛）的觀光打卡聖地，一尊巨大雕像所蘊藏的內涵，更早從「紀念南北戰爭北軍勝利、奴隸制壽終正寢」，擴及到人類對民主、人權，尤其是「自由」的熱切追求。無論是自由女神右臂手持的火炬，或是左捧銘刻「JULY IV MDCCLXXVI」（意為「一七七六年七月四日」：即美國獨立宣言通過的日期）的平板，還是那被袍長袍遮去大半，再從雕像底部腳邊露出的一具斷鍊，不都直接呼應著世人對自由的殷切渴望。

位在紐約離岸小島上的這座自由女神像，從形象到內在已和紐約人緊密相依，它的創作者是法國雕塑家巴陶第（Frédéric Auguste Bartholdi），建造者則是法國工程師艾菲爾（Alexandre Gustave Eiffel）。但就如同今天紐約客儘管原生國各有不同，卻又能彼此在這塊土地上打造出新的共生模式，自由女神不只是Made in France和Made by France，最後的擁有者（紐約），早已透過在地化過程，為之賦予新的生命。自由女神的火炬、銘刻平板、長袍、斷鍊和頭頂皇冠，全出自法國人之手，「女神」來由，還是取自古羅馬女性神祇「自主神」(Libertas)，真正「美國土生土長」，唯有那經常遭人忽略、自由女神藉以站立的偌大基座，而祂的基座之所以能夠順利建成，正是百年前的紐約人熱情響應《世界報》(*New York World*)發起的募款（十二萬人參與），共同籌措經費打造出來的。於今，無論對我，或對我身邊那不同國籍的鄰居、朋友和家長們來說，「紐約」不也就是那負載著各路人馬夢想的平臺基座。

紐約不只是美國的一州，它還獨步走出了特有的風格，紐約人也許會以紐約客自居，卻未必對「美國人」(即使已擁有美國籍)有同樣程度的認同，這裡是全球各地不同人集體打造出的絕世舞臺，明天過後，大家都在等著看，這一回，它是否能再憑藉自我不凡的組成基因，為自己譜出另一段獨到的新曲？

結語——艱險的重啟之路

如今，我眼前的紐約，確實有著獨特的城市風格。它的思維線條雖然不若歐洲細膩的人文色彩，可假如純粹浸淫在曼哈頓裡的燈紅酒綠，以為這就是美國夢的實境，恐怕也是有所誤解。紐約客的「肌力」確實驚人，曼哈頓各路口動輒幾丈高的大型廣告電視牆，某種程度已做了說明；只是，它有時不光只懂得用「強悍」來打造浮華世界，更是以其自由奔放，讓一座城市超前成就了無數輝煌佳績，於今有多達上百種語言在這裡使用，走進一節地鐵車廂，宛如就望見了地球村的縮影。你很難再找到與之匹敵的城市，更重要的是，它讓每個人相信自己在這裡的機會皆是均等的，好像任誰兩手空空、白手起家，有朝一日也能擠入當地名流。

至於紐約奪人目光之處，除了摩天大樓排列出的華麗天際線，還在於此間滿溢著激越活潑的創意發想。誰能像它一樣，無論軟體和硬體皆走在時代的尖端，同時再將以堅忍為基底的生存哲學發揮到極致，這讓它儘管歷經過經濟大蕭條、治安敗壞、黑幫肆虐，且一度因目無法紀而惡名昭彰，乃至遭逢雙子星大樓瞬間倒塌的猛烈重創，卻又屢仆屢起、百折不撓，地球上能有幾處可以具備同等能耐？

但這一回的嚴重受損，又會讓紐約人如何重新評價自己？

二〇二〇年五月十日，應該是紐約歷來最黯淡的母親節，因為居家防疫、社交安全距離種種禁令，過往城市裡例行的慶賀活動全不見蹤影，不少家庭改以網路視訊向遠方的父母傳送溫暖，彼此透過幾吋大的螢幕維繫著可貴的親情。整座城市持續受到病毒威脅，光是五月的頭十天，紐約新增的「有症狀者檢測人數」，就又多出了十幾萬人（即有明顯症狀者，需要進行COVID-19檢測者），累積的確診病例很快就超過三十五萬，意謂了危機依舊潛伏在周遭。雖然病毒感染曲線圖的走勢看似略為趨緩，在春天來臨的季節總算露出一道曙光，但要讓一座城市真正能夠恢復正常運作，卻還差十萬八千里。就算一延再延的紐約州「緊急狀態」（官方針對災變的特殊應變時期）得以終止，染病風險的危疑心理，恐怕已深埋在每個人心中。這次的疫情風暴亦如當年九一一事件，瞬間對紐約造成極大的破壞，也令一切突然改變，只是，它帶給紐約的全面性挑戰，恐怕已遠遠超過一場恐怖攻擊。

因為部分人對「自由」的極致信仰，使得紐約無法仿效他國高壓嚴厲的隔離措施，完全禁制一個人不與其他人互動，這正是一個已然感染失控的城市，卻無法斷然遏止病毒繼續大規模散播的原因之一。防疫期間，官方對於人身自由的限縮，經常為了「紐約人自由慣了的特性」屢屢做出退讓妥協，好滿足那些「無自由，毋寧死」的紐約客調調（群聚活動仍屢見不鮮），這也形成了紐約疫情愈是險峻，第一線指揮官（紐約州長古莫）支持度卻居高不下的弔詭。

此外，紐約高密度的人口和頻密運作的大眾運輸，則在在增添了它回復正常運作的複雜性。加以美國雖然號稱擁有最先進的醫療技術和設備，紐約人的公衛習慣卻又讓人倒抽一口氣，當地歷來流行病的散布，都和這脫離不了關係，直到COVID-19疫情到達高峰的一刻，還是有紐約人對自保兼具保護別人的戴口罩習慣相當不屑。至於紐約各大醫院或許集結了許多頂級優秀的醫護人員，長期以來，卻又極度缺乏一套龐大的病毒檢測和確診追蹤系統，偏偏這是一座城市能否有效控制病毒傳染，並且早日重新運作的關鍵。

而防疫時間拖得愈久，不只代表紐約經濟面遭受的打擊將愈大，同時，也將讓人更難從封閉的生活返還常態。如今，對病毒感染的畏懼，除去那些標舉著「自由第一」者，多少已成為人們心理上而非純粹生理上的防禦反應，就算每個人都引頸期盼趕快回到昔日生活，我相信很長一段時間，大家還是會盡可能與自家人之外的他人保持安全距離。這將使得此地日常經濟活動持續陷入疲軟，因為紐約人自己也很清楚，當初不就是因為無視生活周遭的病毒風險，以為凡事皆可照常，才讓自己掉入這染疫深淵。

紐約無論官方還是民間，大家都是心知肚明，他們將比世界上任何一座城市花費更長的時間才有辦法走回原先的軌道，學校、企業間各式各樣的應急措施不斷新增修正，包括視訊會議進行的方式如何調整，數以百萬的學校師生該如何回到教室上課，日後又要怎麼處理每天近六百萬人次的地鐵運量，這些棘手的問題，都在防疫當下同步考驗著所有人。

歷經 COVID-19 一疫，紐約的天空確實又塌了一次，自紐約按下「暫停鍵」，對整體經濟嚴重的傷害已不在話下，影響所及，不只是個人生活、工作、社交一時的不便而已，你的健康已不只是你自己的健康，你的生命安危也不只是你一個人的風險，那是每個人從食衣住行育樂，從外在行動到內在心靈的全面搖撼。紐約將如何繼續展現過往的能耐，藉由一座城市百年來聚積而成的豐沛能量，於崩塌中再次自我重建，將是個難以落筆作結的篇章。

Voice

春山之聲 018

紐約暫停記

New York on PAUSE

作者　李濠仲
總編輯　莊瑞琳
行銷企畫　甘彩蓉
封面設計　鄭宇斌
內頁排版　張瑜卿

出版　春山出版有限公司
地址　116臺北市文山區羅斯福路六段297號10樓
電話　(02) 2931-8171
傳真　(02) 8663-8233

總經銷　時報出版企業股份有限公司
地址　桃園市龜山區萬壽路二段351號
電話　(02) 2306-68422

製版　瑞豐電腦製版印刷股份有限公司
初版　二〇二〇年六月
定價　三二〇元

國家圖書館出版品預行編目(CIP)資料

紐約暫停記／李濠仲著
—初版．—臺北市：春山出版，2020.06
—面；公分．—（春山之聲；018）
ISBN 978-986-99072-2-4（平裝）
1.社會問題 2.報導文學 3.疫災 4.美國

542.5952　　109006582

春山出版　填寫本書線上回函

EMAIL SpringHillPublishing@gmail.com
FACEBOOK www.facebook.com/springhillpublishing/

All Voices from the Island

島嶼湧現的聲音